KB136081

공존을 위한

인문 무크지 아크 3

자연

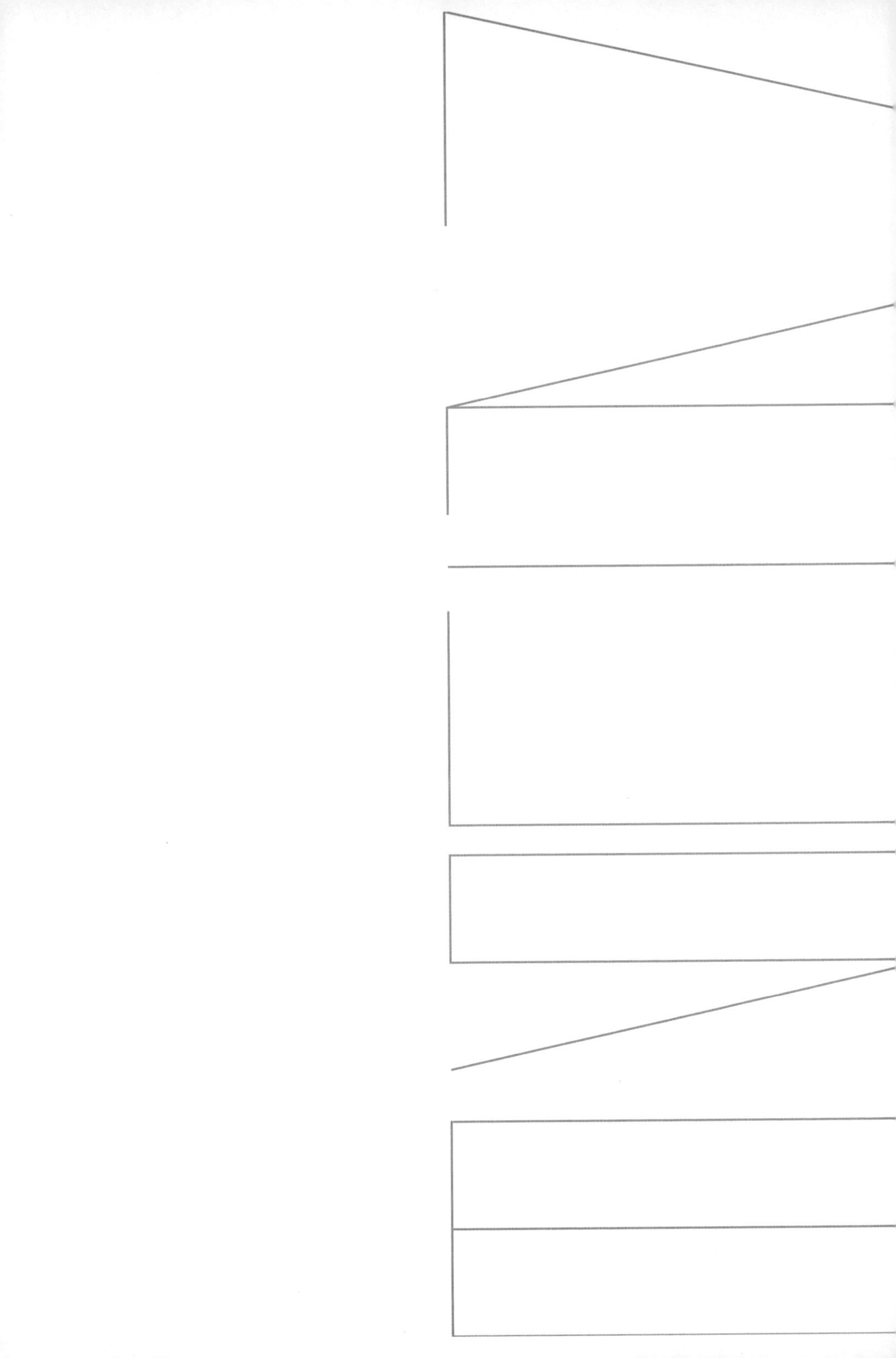

아크 3

자연

허동윤

건축을 전공하고 현재 (주)상지엔지니어링건축사사무소 대표이사를 맡고 있다. '건축은 인문에 다름 아니다'라는 생각을 가지고 있다. 건축사사무소로는 유일하게 인문학아카데미를 2017년부터 운영하고 있으며 지난해부터는 인문무크지『아크』를 발간하고 있다.

'자연스러운 세상'을 향한 발걸음

인문 무크지 아크를 창간한 지 1년이 지났습니다. 첫 호를 낼 때의 설렘이 아직 생생합니다. 몹시 기뻤음에도 크게 내색하지 못했습니다. 그 첫걸음이 혹시 비틀거리지 않을까, 제대로 길을 열어갈 수 있을까에 대한 염려 때문이었습니다. 돌아보면 기우였습니다. 오랜 잉태의 시간을 가지고 태어난 아크는 스스로 생명력을 지니고 있었습니다. 저는 간섭보다는 지원과 격려를 아끼지 말아야겠다고 다짐했습니다. 그게 지난 시간, 많은 분께 받은 도움과 격려에 대한 도리라는 생각입니다. 부산일보, 국제신문 등 지역신문에서의 관심과 격려는 아크를 허투루 만들면 안 된다는 채찍 같았습니다. 지난 11월 16일 국제신문 '감성터치'에 인문 무크지 아크는 우리 시대의 가치를 이야기하고 있다며 '세계적인 도시에는 그에 걸맞은 잡지가 있다. 부산에는 '인문 무크지 아크'가 있다'는 내용의 임규찬 도서출판 함향 대표님의 글이 실렸습니다. 과찬이라 부끄럽기도 하고 지역에서 인문학을 넓히는 역할에 힘을 더 쏟으라는 당부 같아 어깨가 더욱 무겁습니다.

지난봄 아크 편집위원 워크숍에 이어 지난 10월 말에 2차 워크숍을 개최했습니다. 워크숍은 편집위원님들 한 분 한 분의 아크 발전방안에 대한 발표와 논의로 진행됐습니다. 아크에 대한 고민과 애정이 고스란히 담겨 있었습니다. 다시 청년으로 돌아간 듯, 제 마음이 뜨거워졌습니다.

이번 호 주제는 '자연'입니다. 자연이라는 말속에는 눈에 보이는 것과 보이지 않는 것이 모두 담겨 있습니다. '자연스럽다' '자연스럽지 않다'는 두 문장만 놓고 보면 우리는 어느 것을 좇아야 하는지 명확해집니다. 팬데믹은 자연이 인간에게 보내는 경고이기도 입니다.

'자연으로 돌아가라'는 것으로 유명한 장 자크 루소는

18세기 계몽주의 철학자입니다. 그가 직접 그 말을 한 적은 없지만 후대에서 그의 철학을 한마디로 요약한 것입니다. 그는 문명의 발달이 인간의 불평등을 가져왔다고 주장했습니다. 자연으로 돌아가라는 말속에는 인간은 태어날 때 누구나 평등하게 태어났다는 것이 깔려 있습니다. 자연 상태에서의 인간은 선량하고 행복했으나. 인간이 만든 문명의 발달과 더불어 부자유스럽고 불행해졌다는 것입니다. 그는 원래 자연 상태의 인간 회복이 평등과 자유를 가져온다며 교육의 중요성을 역설 力說 했습니다.

지난 한 해 동안 아크와 함께해주신 모든 분께 감사의 말씀을 드립니다. 신년에는 아크와 더불어 인문학연대를 넓히기 위한 고민과 실천을 아울러 해가겠습니다. 아크가 걸어가는 인문학의 길에 많은 관심과 동참을 부탁드립니다.

고영란

월간 예술부산 기자, ㈔한국예술문화비평가협회 사무국장과 계간『예술문화비평』편집장을 지냈다. 현재 ㈜상지건축에서 인문학아카데미를 기획, 진행하고 있으며 인문 무크지『아크』편집장이다.

Editor's letter

코로나는 계속 새로운 변이를 만들어내고 팬데믹은 좀처럼 끝날 것 같지 않습니다. 지난해 아크를 창간할 때만 해도 지금까지 팬데믹이 지속될 거라는 상상은 하지 않았습니다. 당시 편집위원님들과는 포스트 코로나를 맞이하기 위한 준비가 필요하다는 의견을 나누었습니다. 그래서 첫 주제를 '휴먼'으로 잡았던 것입니다. 창간호 '휴먼'과 2호 '믿음'에 이어 아크 3호의 주제는 '자연'입니다.

주제가 너무 광범위한 건 아닌가라는 질문을 몇 번 받기도 했습니다. 처음 질문 받았을 때, 저 또한 주제가 광범위해서 필진들의 글이 제각각이면 어쩌나 하는 우려를 잠시 했던 것도 사실입니다. 하지만 아크 편집을 하면서 평소에 자주 쓰지만 의식하지 않은 채 지나쳤던 단어들이 여러 의미로 다가왔습니다. 더불어 미처 생각지 못한 곳까지 다다르게 하는 상상, 그리고 환기, 이 모든 것이 인문학적 사유를 넓히는 과정이라는 생각이 들었습니다.

아크를 통해 만난 '휴먼' '믿음' 그리고 '자연'은 우리가 발 딛고 있는 현실로부터 다음을 함께 고민하는 자리입니다.

팬데믹은 우리에게 그동안 무수히 보낸 자연의 경고를 각성하게 했습니다. 기후변화를 넘어 기후위기는 점점 기후재난에 취약한 상황으로 치닫게 합니다. 2050년 탄소 중립을 달성하면 기후위기가 해결된다는 생각은 단편적 시각입니다.

황규관 시인은 이번 호 「자연, 자유를 위한 조건」에서 코로나 바이러스는 자연이 우리에게 말 건네는 '검은 언어'라고 했습니다. 자연을 보임有의 세계로만 국한시키는 것으로는 존재와 문명의 전환은 이루어지지 않는다며 보이지 않는 세계에 대한 느낌을 회복하는 것, 저 보이지 않는 세계를 길어 우리의 영혼에 들이붓는 일은 무엇이 할 수 있는 일인지 묻고 있습니다.

첫 글은 「없는 곳에 오신 걸 환영합니다」 **정훈** 입니다. 작가는 어디서 왔는지도, 어디로 가는 지도 모른 채 그리워 글을 쓴답니다. 말갛고 투명한 채로 났으나 점점 불어난 세상의 제도와 습속으로 단단해져 버린 자아의 껍질을 깨뜨리기 위해 그리워한다고 말입니다. 그렇게 사람이 나아갈 길에서 만난 다산 류영모를 이야기합니다.

「인간에 비춰 본 자연」 **하창수** 은 하늘, 나무와 숲, 바위, 바다를 소재로 동양 고전과 국내외 소설을 통해 사유의 폭을 넓게 해줍니다. 그는 자연에 투사된 인간 또는 인간에 비춰 본 자연을 살피는 일은 인간 삶의 현실과 이상을 살피는 일에 다름 아니라고 말합니다.

「우리는 '자연'과 '깐부'일까」 **장현정** 는 '자연'의 어원에 관한 글입니다. 아크 편집위원이기도 한 그는 이번 호부터 아크의 주제에 대한 어원을 쓰기로 했습니다. 그는 '단어들은 다양한 역사적 혼융을 통해 여러 갈래로 나뉜 데다 오랜 세월 나름의 운명을 겪으며 변해왔기에 그 뿌리를 정확히 찾기는 쉽지 않지만 단어가 거쳐 온 시간과 그 밖의 이모저모를 톺아보면 인문적 성찰과 더불어 새로운 상상과 환기도 가능할 것'이라며 동서양에 걸친 흐름을 살펴 '자연'의 이해에 닿게 합니다. 「자연과 사회의 공생은 꿈속의 꿈일런가」 **이성철** 는 자연과 사회가 공생할 수 있는 방안에 대한 고민과 실천하는 '생태학적 사고'의 필요를 역설합니다.

「리프킨의 엔트로피와 괴테의 색채론」 **장희창** 은 현대 사회가 겪고 있는 고통의 뿌리에 대한 진단을, 「무의 들녘에서 만난 매화」 **이성희** 는 동서양의 회화와 사상 속에서 자연과 자유가 찰나와 무한을 연결하는 존재의 움직임을 끌어냅니다.

「자연과 스스로움」 **황명호** 은 도 道 의 존재 상태를 나타내는 '스스로움'에 대한 이야기를, 「일본인들의 자연과의 거리두기에 대하여」 **류영진** 는 자연마저 형식주의에 가둔 일본

사회에 대한 글입니다. 그 외 생태, 땅, 건축, 산, 사진, 우주, 미술, 영화, 전통 등 자연에 대한 깊은 고민이 아크 3호에 담겨 있습니다. 총 20편의 글을 보면서 자연은 무엇인가, 자연스러운 것은 무엇인가에 대한 생각을 끊임없이 하게 됩니다.

의식하지 않고, 꾸미지 않고 스스로 끊임없이 하는 작용은 숨을 쉬는 것입니다. 숨이 끊어졌을 때 죽음에 다다릅니다. 숨 쉬는 모든 생명이 '자연'임을, 인간도 자연임을 잊어버린 욕망은 결국 부메랑이 되어 돌아옵니다. 자연과 나는 둘이 아니라 하나라는 것은 명제가 아니라 실천의 전제가 됐으면 합니다.

정 훈

없는 곳에 오신 걸
환영합니다

하창수

인간에 비춰 본 자연

장현정

우리는 '자연'과 '깐부'일까

이성철

자연과 사회의 공생은
꿈속의 꿈일런가

황규관

자연, 자유를 위한 조건

정 훈

2003년 문학평론가로 발을 내딛었다. 문화의 기원과 신학에 관심을 두고 이에 관한 글들을 썼고 쓸 참이다. 문화의 기원은 르네 지라르에게, 그리고 신학은 다석 류영모에게 영감 받은 바 크다.

없는 곳에 오신 걸 환영합니다

다석 류영모를 생각한다

'나' 생각

느낌은 어디에서 오는가. 생각에서 나오는 듯도 하고, 절로 일어나는 듯도 한 느낌을 좇다 보면 '나'란 존재가 한없이 신비스러워지기까지 하다. 이 신비함을 느끼는 느낌. 그리고 이를 글로 쓰는 나는 어디에서 왔는지도, 어디로 가는지도 모른 채로 숨 쉬며 살아간다. 나도 그렇고 너도 그렇다. 마구 헝클어져 버려 도무지 시원한 마음 얻을 길 없이 나와서 들어가는 삶이다. 어디서부터 길을 잘못 들어섰을까, 묻다 보면 끝없이 헤매는 나를 발견한다. 그렇다. 분명 헤매어 쓰라린 채 알지도 못할 세계 속으로 또다시 빨려 들어갈 줄 알면서도 나는 생각한다. 그런 생각이 이니 느낌 또한 묘하다.

느낌은 낌새를 낳을 듯 솟는다. 어떤 낌새인지는 아득하나 생각 길을 파다 어느새 막힌 듯 보였던 미세한 길 하나 열린다. 누가 열었는지 모르지만 나는 그 길이 생겨 조금은 시원해진다. 그러고 보면 단순하고 무식한 생각이라도 거듭하다 보니 애초의 생각이 디뎠던 자리가 조금은 넓어진 것처럼 시원하다. 나는 생각할수록 신비하다. 그래, 나는 나아간다. 생명을 지탱해 주는 숨을 쉬며 조금씩, 느리지만 천천히 나아가는 나다. 생김을 지닌 채 생겨나 나아가니 어디에 닿을지는 몰라도 분명 큰 자리에 다다를 것임은 틀림이 없다.

그러나 큰 자리가 어떤 자리인지는 엄두도 내지 못할 만큼 헤아리기조차 힘들다. 드는 자리인지 나는 자리인지, 아니면 깜빡 속으며 빠져드는 자리인지 큰 자리는 소식도 없이 내 낌새가 열어놓은 틈새로 바람처럼 들락거린다. 하지만 나는 감히 이런 말을 지껄이거나 시늉조차 할 수 없음을 잘 안다. 매여 있기 때문이다. 나는 '나 자아, ego'에 매여 있는 자다. 나는 결코 '나'를 벗어날 수 없다. 생각할수록 묘한 건 내가 나를 인식하고, 바라보고, 느끼는 게 무던히도 지속되리라는 사실이다. 그러니 한편으로 서럽기도 하다. 자아는 나를 '원천'에서 아주 먼 데까지 데려가는 몹쓸 존재다. 하지만 자아 나를 나이게끔 생각하고 인식하게끔 추동하는 주체 가 생겨나지 않는다면 저 크나큰 절대 자리를 가늠할 수조차 없으니 '나'는 밉지만 반갑고 고마운 존재임에 틀림없다.

'나'는 '나아가는' 자란 사실을 오래전부터 느꼈다. 어디로 나아가는지는 모른다. 하지만 나아가라고 해서 나란 사실, 그래서 더 이상 머무르지 말라고 재촉하는 보이지 않는 손길을 느낄 때면 이 세계가 퍽 궁금해지지 않을 수 없는 것이다. 세계 속의 나와, 내가 발 디딘 이 세계를 생각함은 내가 지금보다 더욱 자라고 자라 예전부터 매여 있던 자아를 떨쳐버려야겠다는 마음이 발동하는 것과 같다. 이게 살아가는 일이라 믿는다. 사람이 이리 살아가야 하니 '삶'이겠다. 사람과 살아감과 삶. 삶은 사람과 살아감을 껴안으며 포획하는 말이다. 그리고 사람은 '사르는' 자일 것임에 틀림없다. 사르고 살라야 하는 자가 사람이요, 이 사람이 자신의 단단한 에고를 불살라버려야 비로소 사람 구실을 했다고 할 수 있다.

사람 구실이란 무엇일까. 누구나 생각해 봤음직한 물음이다. 사람이 사람답게 산다는 게 무엇이냐는 물음이다. 사람답게 사는 건 자신을 바쳐 불살라 영원에 드는 일이다. 영원은 말이 없는 곳, 난데도 끝난 데도 없이 한없이 시원한 곳이다. 아무래도 허공에 가까운 곳일 테다. 없는 곳이다. 없으니 보이지 않겠지만, 없음이 계셔서 있는 자들이 활보할 수가 있다. 사람이 없는 곳에 든다는 건 비로소 몸뚱이의 구속에서 자유로워져 거리낌 없이 대자유의 상태에 빠져들게 되었다는 사실을 말함이다. 꽃이 아름다운 까닭은 꽃을 꽃으로 드러내는 없음, 다시 말해 허공의 빈자리가 배경에 받쳐주기 때문이다. 나는 이 허공의 빈자리에 들기 위해 생겨난 존재다. 허공의 빈자리로 돌아가기 위해 생겨난 사람이란 생각에 미치면 나는 세상 사람들이 좇는 모든 것들을 미워할 수밖에 없다. 대낮의 밝음보다는 저녁의 어둠이 그립고, 빛나는 날들에 겨워 행복하기보다는 어둑한 그늘 한 구석에서 마냥 침묵에 빠져 그리움에 겹고 싶다.

저녁의 사상가 다석 多夕

> 多夕要息 생애의 많은 저녁엔 쉼휴식이 필요하지만
>
> 永夕不息 영원한 저녁에는 숨호흡을 쉬지 않는다
>
> \- 다석 류영모, 「息關」

나는 다석 류영모 1890~1981 를 생각한다. 다석을 모르는 이들이 많을 것이다. 일제강점기에 『성서조선』사건으로 옥고를 치르고 해방 직전까지 성자의 삶을 살다 간 김교신이 늘 높이 우러르며 강의를 청했던 사람, 이승훈, 조만식, 이광수 등 당대의 지식인들이 집결했던 오산학교 교사와 교장을 지내면서 많은 빼어난 제자들에게 각별한 삶의 모델이 되었던 사람, 한국의 경제 기적을 이룬 새마을 정신, 한국 민주화와 사회진보의 기반을 이룬 씨알 정신, 그리고 기독교의 진면목을 꾸준히 일깨우며 전파한 '얼나 사상'으로 이 나라 경제·사회·철학사 전반의 근간을 형성한 정신적인 원천이 되었던 사람, 광주가 영성이 높은 도시로 헌신적인 삶을 일관한 성자들이 배출된 성지라는 의미에서 '빛고을'이란 한글 이름을 붙여준 사람이 바로 다석 류영모다. 2008년 제22회 세계철학자대회가 한국에서 열렸을 때 우리 철학자로 내세운 이들이 이황, 이이, 송시열, 정약용과 근현대 사상가 류영모와 그 제자 함석헌이었는데, 그중에서 세계에 내놓을 만한 독창적인 사상적 심화를 이뤄낸 사람으로 꼽힐 사람은 류영모뿐이었다.

류영모의 사상체계를 훑다 보면 거두절미하고 사람이 나아가야 할 길을 묻게 된다. 모든 출중한 철학가와 사상가들이 그렇듯, 류영모 또한 단순히 자신의 사상과 철학이 다른 이들과 어떤 차이가 있는지, 그리고 어떤 개념을 만들어냈는지에만 국한해서는 결코 핵심에 다다를 수 없는 사상가다. 그러므로 그의 사상을 알려면 그가 어떤 삶을 살았고, 어떻게 해서 사상적 얼개를 갖춰 마침내 정신과 삶이 일치되는 삶을 살았는지 마땅히 들여다보아야 한다. 틈날 때마다 그의 삶과 사상을 정리한 글들을 읽으며 생각했다. 그러자 나는 결코 따라잡을 수 없는 인간의 이정표 하나를 보며 깨달았다. 그것은 '나는 도무지 미치지 못하나이다'이다. 그래, 미치지 못하는 사람과 정신을 훔쳐보며 나는 무얼 또 바라려 그를 떠올리는가. 나를 깨우친 숱한 그의 사상체계와 생각의 오솔길을 더듬으며 내 나름으로 건져 낸 단 하나의 말이 있다면 '그리움'일 것이다.

나는 그린다. 그리워 글을 쓴다. 그립기에 말씀을 받아 글을 쓴다. 이 말씀은 물론 내 생각으로 솟아난 낌새로 추려 낸 자연의 씨앗이겠다. 말갛고 투명한 채로 났으나 점점 불어난 세상의 제도와 습속으로 단단해져 버린 자아의 껍질을 깨뜨리기 위해 그리워한다. 내게 그리움을 심어준 이가 류영모다. 털끝만큼도 따라가지 못할 그를 향한 그리움, 그리고 그를 매개로 내가 미쳐서 당도해야 할 세계를 향한 그리움이 섞이면서 나는 어느새 예전의 생각 틀을 해체해 새로운 틀을 짜게 된 나를 발견하게 되었다. 사람이 삶을 너무 사랑한 나머지 자신을 살라버려야 할 임무를 잊고 눈 뜬 장님이 되어버리기 십상인 요새, 나는 불안한 마음으로, 하지만 신비의 숲을 막 탐험하기 시작한 나그네처럼 그리움의 글씨를 설레며 쓰기로 한다.

YMCA 연경반에서 강의 중인 다석 류영모

저 허공에는 없으면서 계신 님이 또렷하다

참으로 알 수 없다. 나는 여기 분명히 있는데 저 허공 속에는 아무것도 보이지 않으니 그렇다. 그렇지만 아무도 없고 아무것도 보이지 않는 곳을 왜 우러르며 쳐다보는 것인가. 마치 본능처럼 나는 저 허공에 무엇이라도 있는 양 확인하듯 올려다보는 것이다. 그래봤자 나오는 건 한숨이요, 들어가는 건 꽁무니조차 부끄러운 말씨다. 씨를 품었으나 그 씨를 키우지 못해 차마 하늘을 바라볼 엄두조차 나지 않는 내 초라한 음성이다. 말씨가 그러니 맘씨는 더할 나위 없다. 몸의 위락爲樂만을 바란 채 흘러온 삶이었다. 그러니 탁해질 대로 탁해진 육신을 보노라면 절로 나오는 탄식조차 아까울 지경이다.

나는 글을 쓰며 지난 정신의 실타래를 조금 맛보기로 했다. 그러면서 부질없다는 메아리만 속에 가득 차는 사실을 알게 된다. 그렇다고 무엇이 발전할까? 하나를 알아야 나머지를 깨닫게 되는 이치도 모른 채 정처 없이 길바닥에 떨어진 이삭들을 주섬주섬 챙겨 입안으로 넣으려 했다. 그렇게 넣은 이삭들은 씨를 부풀게 하지 않고 오히려 내 속에 잠든 씨를 더욱 쪼그라들게 만들었다. 이미 눈이 멀었기 때문이다. 눈먼 사실조차 몰랐다. 아마 죽을 때까지 모를 것이다.

하염없이 바다를 항해하는 뱃사람의 생각 속에는 오로지 한 가지만이 가득 찰 것이다. 어둔 숲길을 하루 종일 헤맨 사람은 안다. 끝 간 데 없이 이어지는 동굴 속을 걸어본 자는 생각한다. 그러니까 우리는 오직 하나를 찾고, 그리워하고, 매만지고 싶어한다.

저녁이 찾아오면 나는 뉠 곳을 찾는다. 둥지를 찾는 새들처럼, 어둑한 숲길에서 마주친 새들은 저마다 자신의 둥지로 날아가기에 바빴다. 더러 깨어있는 새들도 있다. 이들이 부르는, 아니 울부짖는 소리에 귀를 기울이다 보면 내가 나를 생각함, 혹은 내가 나를 찾으러 다니는 환상에 젖곤 한다. 새가 내게 준 선물로 저녁 무렵 은은히 울려 퍼지는 성당의 종소리처럼 경건해진다. 차마 기쁘다고는 말할 수 없

이것이 인간이다

2021년 2월 3일, 다석 류영모(1890~1981)가 하늘로 솟난 날을 기려, 때늦은 부음訃音 기사를 썼다. 40년이나 지각한 부끄러운 '알림'이었다. 1981년 그가 세상을 벗어났을 때 이 땅에선 이를 살피는 글 한 줄 실리지 않았다. 고인이 된 언론인 이규행 전 한국경제·문화일보 사장은 이 사실을 통탄하면서 '매스컴의 허망함과 지식인의 맹점을 드러낸 사건'이라고 자책하기도 했다.

다석 류영모 평전인 『저녁의 참사람』에 실린 빈섬 이상국 시인의 머릿글 중

다. 나는 지금까지 '있음'을 위해, 오로지 '있음'의 둥지에서 행복을 추구하기 바쁜 삶을 살아왔다. 나를 사르지 못해서 생긴 일이다. 그리고 아마, 불행하지만 앞으로도 그럴 것이다. 하지만 그런 중에라도 간혹 내가 나를 깨우려는 소리가 들리기도 한다. 이 소리는 없는 곳에서 나오는 소리다.

다석의 삶, 저녁들이 모여서 하나의 정신이 된 삶, 이 삶에는 오로지 하나만이 우뚝한 저 허공, 없음의 공간에서 언뜻 낌새처럼 보이는 '영원'이 있는 줄 안다. 생각지도 않게 허공에서 망망대해 같은 숲 한복판으로 떨어진 내가, 아니 우리가 숲으로 들어가는 들목을 찾기란 참으로 요원한 일이다. 그래서 지나갔던 사람들 중 그 표지를 발견하며 외쳤던 사람이 한 말씀을 새기는 것이리라. 새겨서 되새김, 그런데도 종종 입안을 헛돌곤 하는 말씀들을 뱉지 않고 끝내 소화시키기란 얼마나 힘든 일인가. 어둑어둑해지는 때가 오는 소리는 다시금 우리들에게 있음의 이불을 덮게 하려는 자연의 수작이겠지만, 내가 절로 어둠과 빛을 분별하는 마음에서 벗어나는 때 오히려 영원히 가득 품은 참 어둠 속을 헤아리게 될 줄로 믿는다. 그 어둠이야말로 참으로 빈탕한 데며 마구 돌아다녀도 거리낌이 없을 곳인 줄로 안다. 이러한 생각에 미치면 나는 어딘가 어제의 나로부터 한 발짝 나아간 듯하지만 천만의 말씀이다. 글을 맺지 못함에서 비롯하는 설움이 가득하기 때문이다. 글이 종내 찾아가야 하는 그리움의 얼굴을 아무래도 나는 죽어서까지 볼 수 없을 것이란 예감 때문이다. 그래서 그리운 것들은 모두 아쉬움을 남긴다. 나는 그리워하기 위해 글을 쓰는, 쳇바퀴 속 다람쥐처럼 그리해야만 하기에 움직이는 존재다. 이를 내려다보며 저 허공은 그래도 따뜻하게 두 팔을 벌려 환영하고 있을까. 아마도?

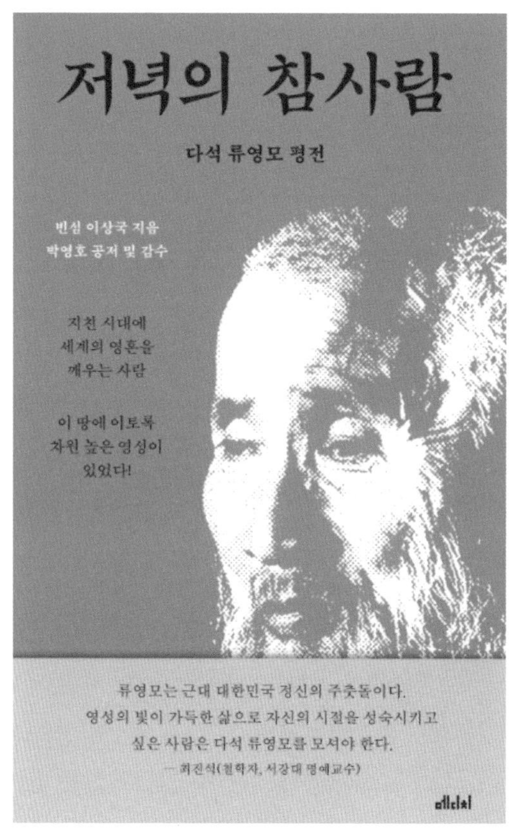

메디치미디어, 2021

하창수

1983년 부산의 무크지 『지평』 2집에, 1970년대 소설을 살펴본 「삶의 양식과 소설의 양식」을 발표하며 문학평론을 시작하여, 『암벽의 사상』 등 몇 권의 평론집을 냈고, 교직에서 조기 퇴직하여 3년 간 국토 순례를 하여 『걷는 자의 대지』라는 제목으로 두 권의 산문집을 냈으며, 최근에 동서고금의 고전 반열에 오른 책들을 읽어 『책 속을 걷다』라는 인문 산문집을 냈다.

인간에 비춰 본 자연

결핍은 충족을 지향하고, 불완전함은 완전함을 추구한다. 불완전한 인간은 완전한 것을 추구하며 나아간 곳에서 자연을 만나 자신의 모습을 비춰본다. 하늘을 이고 땅을 디디고 살면서, 완전함은 하늘에 있는 것에, 불완전함은 땅에 있는 것들에 투사했다. 이는 인간이 하늘과 땅에 비해 미약한 존재임을 스스로 알고 있었다는 뜻이며, 땅을 디디고 사는 인간이 하늘을 동경하며, 곧 현실을 살면서 이상을 추구하며 살아왔다는 뜻이기도 하다. 그래서 자연에 투사된 인간 또는 인간에 비춰 본 자연을 살피는 일은 인간 삶의 현실과 이상을 살피는 일에 다름 아니게 된다.

하늘

하늘은 완전함의 표상이자 모든 존재의 근원이다. 지상의 거의 모든 민족은 그 근원을 하늘에 두고 있다. 우리의 경우도 예외가 아니다. 하늘의 환인-매개로서의 환웅과 웅녀-지상의 단군처럼, 고조선은 하늘로부터 유래하여 땅에 정착하여 홍익인간을 표방한다. 하늘의 뜻이 땅과 인간에 펼쳐지는 구도로 되어 있다.

이를 중국에서는 더욱 논리화하여 천지인天地人 삼재三才와 천명天命사상으로 개념화한다. 유가儒家는 천지인에서 인간을 중심에 놓고 우주와 세계를 하늘과 땅으로 압축한다. 인간 세상의 군주는 하늘의 뜻 곧 천명을 내려받은 자로서 천자天子가 되어 그것을 지상에 펼치는 주체가 된다.

따라서 군주를 중심으로 한 지상의 정치 행위를 천명에 기대어 실현할 수 있는 계기를 마련한다. 이는 지배의 정통성이나 역성혁명의 논리에도 기여한다. 다시 말해 왕위 계승에서 혈연적 독점권을 확보하는 것에서는 물론이고, 왕조를 전복하고 새 왕조를 여는 것에도 이용할 수 있게 된 것이다. 천명은 천자나 천손이 내려받는 것이라 말하며 왕위 계승을 안전하게 할 수 있고, 천명이 다했다며 기존의 왕조를 뒤엎을 수도 있게 된 것이다. 맹자의 왕도정치나 역성혁명의 개념은 이 천명사상의 양면성을 그대로 보여준 것이다.

춘추시대에 형성된 이 천명사상은 정치 행위 또는 정치 윤리로부터 전국시대에 이르러 인간 심성의 개념으로 변환되어 맹자의 천성天性과 성선설性善說로 나타나기도 하고, 한나라 무제 때에는 동중서의 천인감응설天人感應說 곧 천지인의 교통과 화합으로 안정성과 지속성을 확보하고자 하면서 다시 정치 현실에 등장하기도 한다.

그러나 남송 대의 주희에 이르면, 천리 天理 만 부각되고 인욕 人欲 이 타기되면서 평범한 인간이나 지 地 는 기각되고 오로지 천 天 으로만 치닫게 된다. 물론 이미 전국시대의 순자처럼 처음부터 천명에 대해 거부감을 나타낸 인물도 없지 않았다. 그러나 순자가 천명을 거부하고 현실적 예치 禮治를 주장한 것과, 주희가 지 地 와 인 人 을 관념적으로 天천에 종속시킨 것은 차원이 다른 것이다.

명나라 말기의 이지는 하늘의 해와 달을 지상의 등불로 끌어내린 인물이다. 그의 저서 중 하나인 『명등도고록 明燈道古錄』은 '등불을 밝히고 옛일을 논한다'는 뜻인데, 그에게 등불은 어떤 의미이던가. "해는 낮을 밝히지만 땅속까지 밝히지 못하고, 달은 밤에 세상을 밝히지만 방안까지 밝히지는 못한다. 해와 달이 비추지 못하는 곳을 이어주는 존재라면 바로 등불이 아니겠느냐"라고 이지는 말한다. **김혜경 옮김, 『분서』 II.권4 잡술** 雜述

하늘과 해가 천명과 천리 같은 이념의 표상, 군주의 총명함의 투사로 존재하던 세상에서, 등불은 정치 이념에서 소외된 인간들 가까이 내려와 내면에 스며들어 있다. 이지는 송명이학 또는 주자성리학에 대응하여 양명학이나 불가의 입장에서 반론을 제기한다. 오랜 세월 정치에서 머물던 하늘의 빛을 일상 인간 내면의 지혜의 빛으로 전환시킨 것이다.

현대에 이르러 이러한 전환을 극명하게 보여준 이는 프랑스의 생텍쥐페리다. 그는 비행기를 조종하여 직접 하늘을 날았다. 그가 하늘을 날며 보고자 한 것은 해와 달과 같은 것이 아니었다. 야간 비행을 하며 그가 본 것은 평야에 흩어져 있는 불빛들이었다. 그것은 하늘의 별빛과 다름없이 아름다운 것이었고, 그중에서 시인의 불빛, 교사의 불빛, 목수의 불빛과 교통하고자 한다. 그 불빛에서 양심과 사랑을 읽었기 때문이다.

정치적이고 계급적인 이념으로서의 천명사상에서 비롯된 하늘이 인간 내면의 보편적인 지혜의 빛으로 스며드는 데에 거의 2천 년, 3천 년의 세월이 흐른 셈이다.

나무와 숲

나무는 하늘과 땅을 연결하는 존재다. 나무는 뿌리를 땅에 박고 가지는 하늘을 향해 뻗는다. 신화에서 시초의 존재와 생명이 하늘로부터 내려오는 곳에는 큰 나무가 있어, 엘리아데는 이 나무를 우주목 또는 세계수 世界樹 라고 일컬었다. 단군신화에서 그 나무는 신단수 神壇樹 다.

나무는 이처럼 존재와 생명의 '최초' 도래지를 표상하는 동시에 세계의 '중심지'을 표상한다. 나무가 이렇게 중심이라는 표상적 가치를 가진 것은 그것이 우주산이/세계산과 같이 하늘과 가까운 높은 산 위에 자리 잡고 있었기 때문이다. 각 민족에게 우주목/세계수가 있듯이, 각각의 마을에는 그 지역적 버전인 당산나무가 있었고, 사람들의 집에는 그 가족적 버전인 기둥이 있었다.

민족에서 가족에 이르기까지 중심에 나무가 버티고 있었던 것을 보면, 인간의 자기민족, 지역, 가족, 개인 중심주의가 얼마나 뿌리 깊은 것인가를 알 수 있다. 그러나 나무가 이 중심의 표상에서 멀어지는 순간, 식물적 속성 곧 수동성으로 말미암아 그 신성성은 휘발되어 버린다. 그래서 주희는 정립正立하면서 가장 영명한 인간, 횡립橫立하며 무지한 동물에 비해, 나무는 도립倒立하면서 **뿌리가 입이 되어 물과 영양을 섭취하므로** 가장 무지한 존재로 추락한다.

게다가 민족의 세계수는 세계화로 말미암아, 지역의 당산나무는 도시화에 따른 공동체의 파괴로 말미암아, 가족의 집 기둥은 가족의 해체로 말미암아 나무는 중심의 의미마저 상실한다. 신단수는 기억되지 않고, 당산나무는 버려지고, 집의 기둥은 아파트의 내력벽으로 바뀌었다. 이제 나무가 대우를 받는 것은 그 오래됨의 연륜에서일 뿐이다. 그래서 곳곳에 몇백 년 된 보호수나 천연기념물로서의 나무를 만날 수 있다.

이러한 나무들 중에는 인간의 삶이나 역사의 시간으로

는 상상할 수 없는 것들도 있다. 오랫동안 미국의 국립공원에서 공원관리인 또는 삼림감시원으로 일한 에드워드 애비가 옐로스톤 국립공원에 5천 년 된 소나무가 있다고 말한 것을 읽거나, 요세미티 공원의 2천 7백 년 된 삼나무가 화면에 비치는 것을 볼 때면, 우리나라에 그러한 나무가 없는 것이 아쉽기도 하고, 나무 한 그루가 단군 이래의 세월을 함축하고 있다고 생각하니, 앞에서 주희가 도립하는 나무를 생명체의 최하위에 자리매김한 것에 어처구니없음을 느끼기도 한다.

그러나 아직 나무에게는 상당한 의미를 함축할 수 있는 길이 있다. 그것은 바로 신영복이 이야기한, “나무가 나무에게 말했습니다. 우리 ‘더불어 숲’이 되어 지키자”란 표현에서 읽을 수 있는 의미다. 이는 인간과 인간의 연대뿐만 아니라, 인간이 더불어 살아야 할 터전으로서의 생태계 전체에 미치는 울림을 지니고 있기 때문이다.

나무는 모여 숲이 되고, 숲은 웅숭깊은 자연의 비밀을 함축한다. 이를 소설로 형상화한 대표적인 작품으로 들 수 있는 것이 윌리엄 포크너의 『곰』이다. 숲은 자연 전제를 내포하고, 그 숲속에 사는 곰 ‘올드 벤’은 숲 전체를 응축한다. 주인공 ‘아이잭’은 거대한 곰 올드 벤을 사냥하는 법을 배우기 위해 접근하면서 자연을 배우는 과정을 거친다. 그것은 곧 정신적·인격적 성장으로 나아간다.

인간이 자연을 지배하는 것이 쉽지 않고 또 바람직하지 않듯이, 거대한 곰은 인간의 사냥술로 쉽게 잡히지 않는다. 곰의 추적과 접근으로 아이잭이 알아낸 것은 단순한 사냥감으로서의 곰이 아니라, 자연과 어머니로서의 곰의 의연함과 순수한 원시성이다. 따라서 사냥개와 칼과 총으로 마침내 곰을 죽였을 때, 아이잭에게 돌아온 것은 성취욕이나 승리감이 아니다. 오히려 곰 사냥을 하던 자신의 가계가 품고 있던 수치스러운 죄상과, 물려받은 농원 아래 파묻혀 있던, 노예를 매매하고 그들을 부리던 잔악함이다.

이러한 흐름은 아이잭 자신의 집안을 넘어 뻗어 나가, 곰 사냥을 하던 대자연의 숲이 제재 회사에 의해 벌채되고, 철도가 부설됨으로써 산업화의 추세로 확대되어 간다. 이러한 소설의 전개는 포크너가 살던 미국의 어느 지역에만 한정된 것은 아니다. 자연 위에 세워진 인간의 문명이 안고 있는 보편적인 문제일 뿐이다. 이제 숲 또는 자연은 인간에게 성장과 성숙을 제공하기보다는 물질적 이용 가치로서만 거기 그렇게 존재하거나 사라져갈 뿐이다.

바위

바위는 그 견고함으로 지속성을 담보한다. 우리가 글귀나 이름들이 새겨진 바위를 쉽게 만날 수 있는 연유도 이에서 비롯될 것이다. 신라 때는 인간의 세속적 가치를 넘어서는 영속적인 가치 곧 이상적인 불국佛國을 염원하며 바위에다 불상을 새겼다. 경주의 남산을 돌아가며 바위에다 마애불을 새긴 것에서 이를 읽어낼 수 있다.

바위에 불상을 새기는 것으로 아쉬웠을까. 마애불은 전설로도 만들어진다. 신라 효소왕 대 망덕사 낙성식에 참가한 왕이 초라한 걸승을 만나, '돌아가거든 임금이 몸소 불공하는 자리에 참석했다고 다른 사람들에게 말하지 말라'고 비웃듯이 말하자, 스님이 '임금님께서도 돌아가시거든 진신석가를 공양했다고 다른 사람들에게 말씀하지 마십시오'하고는 몸을 솟구쳐 구름을 타고 남쪽으로 날아가 버렸다고 한다.

임금은 스스로를 부끄러워하며 진신석가를 찾아 모셔오라고 신하들을 보냈지만, 신하들이 모셔온 것은 스님이 아니라 그의 바리때와 지팡이였다. 그는 그것들을 남겨두고 바위 속으로 숨어버린 것이다. 효소왕은 자신을 뉘우치면서, 진신석가가 숨어버린 비파암 아래에는 석가사를, 위에는 불무사를 지어 바리때와 지팡이를 두 절에 나누어 모셨다고 한다.

이 전설은 석가사와 불무사의 연기 緣起 설화인 동시에 비파암 마애불의 연기설화인 셈이다. 마애불 연기설화로 읽으면, 마애불은 고타마 싯다르타가 세속의 카필라성을 떠나 수행을 거쳐 불타가 되는 과정을 그대로 압축하고 있다. 지상에서 최고 힘과 권위를 가졌다고 여기는 세속왕의 교만을 일거에 물리치고, 바위 속으로 들어가 마애불로 앉아 있는 모습은 싯다르타의 행적을 함축하고 있지 않은가. 나아가 그러한 삶을 기리는 신라인의 마음이 마애불로 응축되었으리라. 결핍되고 불완전한 예토 穢土 의 삶을 떠나 충족되고 완전한 정토 淨土 의 삶으로 나아가고자 한 신라인의 염원을 마애불에 담아 표현했으리라.

이와 같은 심정을 보다 인간적인 형태로 표현한 것이 나다니얼 호돈의 『큰 바위 얼굴』이다. 자신이 살고 있는 마을 바위 언덕에 새겨진 큰 바위 얼굴을 닮은 아이가 태어나 훌륭한 인물이 될 것이라는 전설을 어머니로부터 들은 어니스트는, 그런 사람을 만나기를 기대하며 큰 바위 얼굴을 사숙 私淑 하며 성장한다.

세월이 흐르면서 부자와 장군 그리고 정치인과 시인이 차례로 등장하여 마을 사람들의 기대를 받았지만, 큰 바위 얼굴과 일치하기에는 미흡하다고 판명된다. 평범한 촌부 村夫 이자 자애와 진실을 설교하는 인물이 된 어니스트의 설교를 듣던 시인이, 어니스트가 바로 큰 바위 얼굴이라고 소리치지만, 설교를 마친 어니스트는 자기보다 더 현명한 사람이 나타나기를 바라며 집으로 돌아온다.

『미국 문학 사상의 배경』을 저술한 로드 호턴과 허버트 에드워즈는 미국적 사고와 문명의 전개를 이상주의와 기회주의의 역학으로 설명한다. 미국 독립의 초반에는 이상주의가 상당한 역할을 했을 것이다. 그들의 정치나 헌법에 그것이 스며든 자취를 찾아볼 수 있으니까. 그 이상주의 온상이 바로 뉴잉글랜드 보스턴 근교의 콩코드였다.

이곳에서 삼위일체를 거부하며 단일신교를 내세운 유니테리언 교회의 목사를 지내기도 했던 에머슨은 목사직을 수행하기도 했고, 『자연론』을 통해 초절超絶주의 사상을 설파하기도 했으며, 헨리 소로와 사제와 동료로서 지내기도 하면서 미국적 사고에서 이상주의의 중심 구실을 했다. 호돈도 아내와 함께 이곳에 와서 창작을 하며, 에머슨과 소로와 가까이 지냈다. 그의 작품에는 이들과 함께하며 묵상한 내용이 스며들었을 것이다.

실제로 유니테리언 교도들은 "교리보다는 '믿음의 진술들'을 논하기를 더 좋아했는데", 그 믿음들 가운데에는 '품성에 의한 구원'과 '인간의 앞으로, 위로의 영원한 전진'이라는 것이 있었다. 이를 작품 속 어니스트의 사고와 행위에 일 대 일로 대응시키는 것은 무리이겠지만, 전혀 무관하지는 않을 것 같다.

게다가 이상주의와 역학 관계에 있으면서, 때로는 월등히 우세하게, 때로는 어정쩡한 혼합으로 나아갔던 기회주의에 대한 호돈의 염려가 읽히는 것도 어쩔 수가 없다. 앞에 등장한 부자, 장군, 정치인이 바로 미국의 사고와 역사에서 기회주의를 대변하는 인물들이기 때문이다. 우리가 현재 보는 미국은 바로 이들이 주도하며 만든 것이다.

이들은 저항하는 인디언, 멕시코인, 몰몬교도들을 인정사정없이 몰아쳤다. 다른 나라들을 '민주주의'를 행할 능력이 없다고, 보호해야 할 대상이라며 변경들을 잠식하고 다른 대륙으로 팽창해 갔다. 전쟁은 계산된 위험으로 불가피한 것이라며 세계 곳곳에서 전쟁을 일으켰다. 평화주의자의 반전反戰 주장은 현실을 모르는 허튼소리이며 응석으로 치부했다. 이것이 바로 앞에서 말한 기회주의이며, 정치인, 군인, 상인이 만든 미국임을 호돈의 작품은 함축하고 있다.

인간적 의미로 전환된 바위는 황석영의 『입석부근 立石附近』에 이르면 개인적 차원으로 구체화된다. 주인공 '나'는 퇴학을 당하여 '택'과 함께 산속 동굴에 와 있다. 산 밖의 거리에서 기관총 소리를 듣고, 교복 위를 적시며 흐르던 피를 보았다. 이제 그들을 성장시킬 학교와 사회는 제대로 작동되지 않는다. 개인화는 사회화와 더불어 진행된다. 사회가 제대로 작동되지 않는 상황에서 그들이 기댈 곳은 이제 자연밖에 없다. 그들 앞에는 산의 바위가 버티고 서 있다.

바위는 암벽 등반의 대상으로서 대결하고 극복해야 할 것으로 마주 서 있다. 마치 포크너의 『곰』에서 숲이 커다란 곰으로 응축되어, 그것을 사냥하는 과정에서 개인이 성장해 나가듯이, 이 작품에서는 산이 '바위'로 응축되어 그것을 타고 오르는 것이 '나'의 성장을 담보하는 것이 된다. 사회가 마련해 주지 못하는 것을 자연이 마련해 주는 것이다. 그러나 그것이 자연스러운 과정은 아니다. 그것은 '나'가 모든 정신적, 신체적 능력을 투입하여 추구해야 하는 과정이다.

암벽 등반 과정에서 추락하여 죽을 수 있는 것이 그러하고, 등반의 과정에서 배경이 사라지는 것이 그러하다. 인간과 도구, 도구와 암벽의 접촉이 반복되면서 나중에는 인간과 암벽만이 남는다. 곧게 선 바위를 타고 오르면서 '나'는 바위로부터 오는 딱딱한 저항과 위에서 내리누르는 중력을 극복한다. 마침내 바위의 딱딱함은 등반의 치열성을 거쳐 '나'의 주체적, 사상적 견고함으로 내면화된다. 그 견고함은 산을 내려왔을 때 산 아래의 세상을 헤쳐가는 항진력으로 작용할 것이다.

강

강은 산의 골짜기에서 발원하여 바다에 이른다. 그 과정은 높고 작은 수원에서 시작하여 좁은 산협과 넓은 들판을 지난다. 이러한 강의 진행은 인생의 행로에 유비되어 쉽게 겹쳐진다. 그래서 인생의 행로를 강의 흐름에 실어 표현하는 것은 '수리수문학 水理水門學'에서뿐만 아니라 여러 글에서 쉽사리 발견된다.

중국의 인문학자 위치우이는 "양자강, 그 긴 강물의 여정은 마치 사람의 일생과 같다는 느낌이 든다. 처음은 언제나 기괴하고 험준하다. 그러나 말년에 다가갈수록 점차 평온과 현실로 다가서게 된다."고 『중국문화답사기』 **심규호 옮김** 에서 말한다. 버트런드 러셀은 조금 더 자세하게 말한다. "처음에는 작고 좁은 둑 사이를 흘러가고, 세차게 부딪쳐 폭포가 되어 떨어진다. 그 사이에 차차 강폭은 넓어지며, 둑은 뒤로 물러가 물살이 훨씬 완만해지고, 마침내 어느새 바다로 흘러들어감으로써, 아무 고통도 없이 개인적 존재를 소멸시키게 된다"고. **송은경 옮김, 『인생은 뜨겁게』**

그러나 강은 개인의 일생에만 유비되지 않는다. 강에는 그것에 기대고 살아온 많은 사람들의 삶을 안고 흐르고 있기 때문이다. 곧 개인을 넘어선, 또는 개인이 모여 이루어진 공동체의 삶을 이야기하며 흐르고 있기 때문이다. "강을 중심으로 사람이 모여 살고, 사람의 삶은 강물처럼 흘러가니, 강은 수많은 사연을 간직하지 않은 곳이 없다." **김태준 외, 『문학지리-한국인의 심상공간』 중, 국내편2** 는 말이 가능해진다.

이러한 공동체의 삶은 소설로도 형상화된다. 조명희의 소설 『낙동강』 **풀빛** 과 이기영의 대하소설 『두만강』 **풀빛** 이 대표적인 예다. 조명희의 작품에서는 주인공인 '박성운'과 '로사'의, 소작조합 운동, 국유지의 일본인 양도에 대한 항의 운동, 독립운동 등 영웅주의적 인물 묘사와, 일제 강점기라는 발표 시기 등의 한계 때문에, 낙동강에 기대어 사는 농민들의 공동체적 삶과 생활정서, 일제 수탈의 잔학상과 농민들의 피폐한 삶이 제대로 묘사되지 못한 점이 아쉽기는 하지만, 일정한 성취를 이루고 있음에는 이의가 없을 것이다.

이기영의 작품은 이에 비해 유리한 여건, 곧 일제의 검열이 없던 시기에 나와 보다 구체적인 형상화가 가능했다. 이 작품의 제1부는 19세기 말부터 일제의 조선 강점이 이루어지는 1910년대까지, 제2부는 1910년 이후 3·1운동이 일어난 전후의 시기까지, 그리고 제3부는 새로운 사상이 들어온 1920년대 초부터 항일운동이 무장투쟁으로 발전하는 1930년대 초에 이르는 시기를 다루며, 국내와 만주에서 일어났던 민중들의 반제반봉건투쟁을 두만강을 연상시키는 대하소설에 사실적으로 묘사하고 있다. **김재용, 「역사의 주체인 민중의 생활과 투쟁의 서사시적 형상화」**

그 구체적인 역사적 사건들 곧 빈농들의 봉기, 의병투쟁, 애국계몽운동, 삼일운동, 노동운동, 항일무장투쟁 등이 봉건 양반의 몰락과 농민들의 소작농으로의 전락, 지주와 일제 세력과의 결탁이라는 상황 속에서 세대를 이어가며 지속적으로 전개되고 있다. 일제의 수탈과 그로 인한 궁핍의 참상과, 그럼에도 불구하고 그에 굴복하지 않은 민중의 연대와 저항을 대하大河의 흐름에 의탁해 형상화해내고 있다.

바다

바다는 지상의 모든 물의 종착지다. 그래서 넓고 깊다. 바다를 보고 경험하지 못한 사람들은 쉽사리 바다에 대해 말하지 못한다. 그러나 생계를 위해 바다에 나가 고기잡이를 하는 사람들이나 항해하는 사람들은 바다에 대해 말할 게 있을 것이다. 그래서 작가들도 바다를 작품에 담게 된다. 허먼 멜빌의 『모비 딕』이나 어니스트 헤밍웨이의 『노인과 바다』는 바다를 떠올리면 쉽게 연상되는 작품이다.

멜빌은 실제로 배를 타고 바다를 항해한 경력이 있었다. 면화를 실은 화물선을 타고 미국에서 영국의 리버풀까지 간 적도 있고, 고래잡이배를 세 번이나 타기도 했으며, 해군이 되어 군함을 탄 적도 있다. 그래서 '포경선'이라는 고래잡이와 관련된 소설을 쓰려고 한 적도 있었다. 그랬더라면 『모비딕』과는 다른 소설이 되었을 것이다. 배 안에서 겪은 선원들의 난폭함이나 조악함, 잠시 들렀던 섬에서 원주민과 어울리면서 느꼈던 그들의 원시적 순박성, 실제 고래를 잡기 위한 도구나 포획 장면 등이 중심이 된 얘기 정도로 끝났을 것이다.

그러나 멜빌은 선배 작가인 나다니엘 호돈의 작품에서 읽어낸 '인간 영혼의 어두운 심연'과 셰익스피어의 탐독에서 읽어낸 '비극적인 도전'으로 자신의 경험과 계획을 재구성하고 재정련하여 차원이 달라진 걸작을 창조해낸다. 이 걸작에서 바다는 우주와 세계를 함축하고 있다. 그 속에 살고 있는 큰 고래 '백경'은 우주와 세계의 응축일 뿐만 아니라, 인간 영혼을 응축하는 매개체가 된다.

백경에게 다리 하나를 잃고 고래 뼈로 만든 의족을 단 선장 '에이허브'는 그 고래를 추적하며 인간을 대표하는 인물이 된다. 그리고 집념과 광기 어린 추적을 통해 바다는 우주와 세계를 함축하던 단계에서 인간 내면의 어두운 심연을 표상하는 존재로 변환된다. 에이허브는 그 추적을 통해 자신의 내면에 존재하는 어두운 심연을 고래에게 투사한다. 다시 말해 고래를 추적하는 것은 내면의 탐색이 되며, 고래에 대한 적의敵意는 자신의 심연에 존재하는 악의惡意의 투사다.

이 영혼의 심연은 칼 융의 분석심리학에 비추어 보면 인간 무의식에 자리 잡고 있는 '그림자 shadow'가 된다. 빛이 강하면 그림자도 짙다. 이 그림자는 여러 이유로 표출되지 못한 의식이 억눌리고 가라앉아 형성된 것이다. 인간의 모든 의식이 완전히 표출되지 않는 한 그림자는 인간 모두에게 필연적으로 존재하는 무의식의 원형이다.

멜빌은 호돈의 『주홍 글씨』와 같은 작품에서 종교인의 표면 심리에 깊숙이 내재하는 어두운 심연을 배워 에이허브 선장의 내면에 존재케 했을 것이고, 셰익스피어의 비극 작품에서 읽어낸 비극적 도전을 선장에게 의탁하여, 일반인이라면 쉽사리 엄두도 내지 못하거나 포기했을 고래 추적을 자기 파멸에 이르기까지 지속시켰을 것이다.

그림자에는 엄청난 에너지가 응축되어 있다. 사회의 규범이나 관습으로 의식에서 억눌러 형성된 무의식의 그림자는 마치 스프링이 탄력으로 응축되어 있는 것과 같다. 이 에너지가 주위의 시선과 간섭에도 아랑곳하지 않고 고래를 포기하지 않고 추적하는 힘이 된 것이다. 그러나 이 그림자는 자신을 다치게 하거나 남을 비난하는 투사 외의 방법으로 표출시키기가 쉽지 않다.

보통의 인간들은 자신의 그림자가 안고 있는 부정적 속성을 마치 타인에게 그러한 것이 있는 것처럼, 타인에 대한 비난이라는 투사로 표출하며 간과한다. 그러나 에이허브가 가진 그림자는 그렇게 해서 간과될 정도로 희끄무레한 것이 아니다. 그것은 대해大海의 심연처럼 깊고 어두운 것이다. 백경을 좇아 바다를 헤매는 것은 곧 자신의 영혼의 어두운 심연을 탐험하는 것이다.

이 그림자를 자아가 깨달아, 곧 의식화하여 자기 self에 통합하지 않는 한 그림자는 사라지지 않는다. 동아시아에서 흔히 말하는 도道를 닦는다는 것도 이와 다르지 않을 것이다. 도교에서 도를 닦는다 하여 쉽사리 신선이 될 수 없는 것처럼, 불교에서 참선을 꾸준히 한다 하여 부처가 되는 것은 아닌 것처럼, 어쩌면 그림자는 인간이면 누구나 죽을 때까지 품고 가야 하는 숙명적 존재와 같은 것이다. 그래서 모비 딕을 추적하던 포경선 '피쿼드 호'와 에이허브 선장은 넓고 깊은 바다의 심연 속으로 사라진다.

이에 비해 헤밍웨이의 작품은 덜 깊고 덜 어둡다. 쉽게 성취되지는 않지만, 사라지지 않은 인간의 영웅적 면모를 붙들고 있기 때문이다. 그래서 포경선의 선장이 아닌, 노인이 되어서도 큰 고기를 잡으려는 포부를 버리지 않은 소박한 어부의 꿈에 의탁한다. 그래서 다리도 잃지 않고, 끝내 죽음에 내몰리지도 않는다. 그냥 큰 고기를 잡으려는 꿈을 버리지 않았을 뿐이다.

이 작가의 생애에서 그러했던 것처럼, 이 작가의 작품에서도 영웅적 면모는 포기할 수 없는 인간의 속성으로 묘사된다. 영웅은 인간의 서사적 원형이기 때문이다. 영웅은 고향을 떠나 낯선 곳에서 고난과 역경을 겪으며 영웅의 면모에 걸맞은 것을 획득하여 고향으로 돌아온다. 그래서 떠날 때의 그와 달라진 존재로, 차원이 다른 존재로 귀환하여 그에 맞는 지위에 오른다.

이 작품에서 그 영웅은 고기잡이 '산티아고' 노인이다. 노인이 초라한 배를 타고 나가는 바다는 곧 세계 전체를 표상한다. 고기잡이는 생계의 수단이지만, 그에게는 다른 어부가 갖고 있지 않는 것을 지니고 있다. 그것은 곧 '신념'이라 표명되며, 먼 바다로 나가 '큰 고기'를 잡는 꿈이다. 그것은 아프리카를 선원으로 떠돌던 시절 해변에서 본 '사자 꿈'을 꾸는 것으로 나타나기도 하고, 그가 좋아하는 프로야구의 영웅 '디마지오'로 언급되기도 하지만, 그 꿈이 실현되려면 큰 고기를 잡아야 한다.

이 '큰 고기'는 포크너에게는 숲속의 '곰'이었고, 멜빌에게는 바다 속의 '흰고래'였다. '흰고래'는 죽지 않고 바다 속으로 사라지면서 오히려 포경선과 선장을 바다 속으로 사라지게 만들었고, '곰'은 죽으면서 그가 살던 숲이 제재 회사와 철도에 의해 침식당하는 후과를 보여주었다. 그러나 자신의 배보다 2피트나 긴 '큰 고기' 티부론은 노인에게 잡혀 한순간이나마 노인에게 영웅적 성취감을 주기도 하지만, 상어에게 뜯겨 뼈만 앙상하게 남아 있는 상태로 돌아와 그동안의 고

투만을 증명한다.

노인은 고투의 순간마다 그와 고기잡이에 늘 함께했던 소년 '마놀린'을 아쉬워한다. 소년은 영웅 서사에서 '조력자'에 해당하는 인물이다. 노인의 영웅적 이미지의 손상은, 조력자 없이 먼 바다로 나와 잡은 고기를 온전한 채로 배에 매달아 마을로 귀환하지 못한 것과 관련된다. 그 큰 고기를 온전한 채로 달고 귀환했더라면 그 고기 자체가 훈장이 될 수 있었을 것이다. 그러나 뼈만 남은 상태의 고기는 전장에서의 고투와 상흔에 지나지 않는다. 그래서 다시 '사자'를 꿈꿀 수밖에 없는 것이다. 그리고 바다 역시 영웅적 고투와 성취의 세계무대로서의 장소적 의미를 떠나 생계의 터전으로 돌아간다.

이제 하늘은 매연과 황사 그리고 미세먼지로 자주 흐려지고, 별빛은 도시의 불빛 너머로 사라지며, 나무는 그 수령樹齡으로 잔존하고, 숲은 거미줄 같은 촘촘한 도로의 개설로 자주 침식되며, 바위는 이름자를 새긴 낙서장으로 전락했고, 강은 물을 이용하기 위해 댐으로 가로막혀 그 유장한 흐름이 끊기며, 바다는 각종 쓰레기로 오염되어 섬을 만들어내는 지경에 이르렀다. 자연을 그대로 두지 않는, 인간의 탐욕이 진행하는 것으로 보아, 옛날 인간사의 모든 원리와 이상을 읽어내던 자연의 회복은 기대난망일 것 같다.

하늘을 이고 땅을 디디고 살면서,
완전함은 하늘에 있는 것에,
불완전함은 땅에 있는 것들에 투사했다.
이는 인간이 하늘과 땅에 비해
미약한 존재임을 스스로
알고 있었다는 뜻이며,
땅을 디디고 사는 인간이 하늘을 동경하며,
곧 현실을 살면서 이상을 추구하며
살아왔다는 뜻이기도 하다.
그래서 자연에 투사된 인간 또는
인간에 비춰 본 자연을 살피는 일은
인간 삶의 현실과 이상을 살피는
일에 다름 아니게 된다.

장현정

작가이자 사회학자이며 호밀밭출판사 대표이다. 10대 후반부터 록밴드 활동을 했고 1998년 록밴드 '앤 ANN'의 보컬로 활동하며 1집 앨범을 발매했다. 부산대학교 사회학 박사 과정을 수료했고 『소년의 철학』 『록킹 소사이어티』 『무기력 대폭발』 『삶으로 예술하기』 『아기나무와 바람』 등의 책을 썼다.

우리는 '자연'과 '깐부'일까?

흔히 인문학은 '문·사·철文·史·哲'이라고 하지만 그 이전에 '언어에 대한 성찰'이 우선되어야 한다. "언어는 존재의 집 하이데거"이라는 말도 있거니와 특히 추상 수준이 높을수록, 또 숭고하고 고귀한 가치를 품고 있을수록 그 언어의 정체는 가늠할 엄두가 나지 않아 막막해지고 그런 이유로 이데올로기에 오염되거나 악용되기 쉽다. 특별한 성찰 없이 일상적으로 사용하는 수많은 언어를 한 발짝 떨어져서 눈을 크게 뜨고 다시 바라볼 줄 아는 능력刮目相對 은 인문적 성숙을 위한 기본기에 해당한다고 말해도 좋겠다. 이는 언어를 통해 드러나는 어떤 '역사성'을 의식한다는 말이기도 하다. 어제의 세계와 오늘의 세계가 다르듯, 일상적으로 사용하는 언어의 의미와 형식도 지금 여기의 맥락에 맞게 잘 살피고 성찰할 수 있을 때라야 비로소 오래된 것을 통해 새로운 것을 알 수 있게 溫故知新 된다.

언어를 탐색할 때 우리는 종종 핵심이 되는 단어의 어원을 살펴보곤 한다. 자칫 훈고학적으로, 또 기계적으로 단어를 딱딱한 틀에 가두어 상상력을 제한하는 결과로 이어질 수도 있지만 그런 경직성을 서늘하게 의식하고 본다면, 어원을 탐색하는 행위는 인간 존재와 사회의 역사성을 더 구체적으로 실감할 수 있게 해준다. 우리가 문화적으로 사용하는 '파격 破格'이라는 단어도, 우선 틀을 확인하고 그 틀로부터 창의적으로 벗어날 때 사용하는 말이지 격 자체가 없을 때 쓰는 말은 아니다.

단어들은 다양한 역사적 혼융을 통해 여러 갈래로 나뉜데다 아주 오랜 세월 나름의 운명을 겪으며 변해왔기 때문에 사실상 그 뿌리를 정확하게 찾기란 쉽지 않다. 개별적 단어의 기원과 유래 등을 전문적으로 연구하는 어원학 語源學, etymology 에서도 언어의 자의성 恣意性 을 인정한다. 즉 언어의 형식과 내용의 관계에서 반드시 그래야 할 이유란 없다는 것이다. 그래도 우리는 막막한 어둠 속에서 온몸으로 더듬거리며 여기저기 부딪히고 쓸리고 베이며 상처 입기를 주저하지 않는다. 천천히 그러나 단단하게 나아가는 이의 각오와 행위는 그 자체로 인문적이다. 정확도와 엄밀성이 떨어지고 추측이나 가설, 서로 다른 주장들이 부딪히는 가운데서도 끊임없이 단어가 거쳐 온 시간과 그 밖의 이모저모를 톺아보다 보면 지금 여기의 '막다른 길 아포리아'에서 새로운 활로로 이끌어주는 참신한 인문적 성찰은 물론 새로운 상상과 환기도 가능할 것이다.

사랑하는 인문무크지 『아크』의 이번 주제는 '자연 自然, Nature'이다. 어떤 단어를 오래 생각해보기로 마음먹으면 먼저 버릇처럼 소리 내 발음하며 입안으로 여러 번 굴려보게 된다. 마치 와인을 시음하는 소믈리에처럼 그렇게 '자연'이라고 천천히 소리 내보면 우선 음악적으로 그 단어의 성질과 뉘앙스를 느끼게 된다. 'ㅈ'과 'ㅇ', 그리고 'ㄴ'이라는 자음이 모두 부드럽고 넓은 공간감을 만들어내고 양성모음인 'ㅏ'와 음성모음인 'ㅓ'가 그 속에서 균형감을 이룬다.

사전을 들춰보면, 대체로 자연은 '인간의 힘이 닿지 않은' 존재나 상태로 풀이된다. 오늘날에는 산, 바다, 강과 같은 구체적 대상을 주로 지칭하지만, 훨씬 넓게 보아 인간의 힘이 닿지 않은 혹은 닿을 수 없는 만물을 의미한다고 봐도 좋겠다. 그러나 자연이라는 단어가 실제로 통용되는 사정은 그렇게 단순하지 않다. 먼저 지금 우리가 쓰는 근대 언어들이 대체로 일제강점기에 일본을 통해 들어온 번역어라는 데서도 그 이유를 찾을 수 있지만 그 이전에 시대별로 자연이라는 단어가 각각의 사정에 따라 다른 맥락으로 인식되었기 때문이기도 하다.

그래서 이제부터 지면 사정이 허락하는 선에서, 서양과 동양에서 자연을 바라본 관점의 차이를 살펴보고, 그다음으로 원죄와 동일시되거나 **중세 기독교** 이익의 원천 **자본주의** 이었기 때문에 벗어나거나 정복해야 할 대상으로만 취급받고 우리와 분절되었던 자연을 바라본 다음, 마지막으로 자연의 일부이자 자연과 합일할 때라야만 비로소 존재할 수 있는 인간으로서의 우리가 정말로 자연을 신뢰하고 존중할 수 있는 방안은 무엇일지 질문해보려 한다.

유럽의 자연관은 크게 그리스적, 기독교적, 근대적 자연관으로 나눌 수 있다. 유럽 여러 나라에서 자연이란 단어는 공통으로 라틴어 'natura'를 어원으로 하는데, '태어나다'라는 의미이다. 있는 그대로의 성질, 즉 본성을 나타낸다. 영어의 nature, 프랑스어의 nature, 독일어의 natur, 이탈리아어 natura 등이 그 예다.

고대 그리스어 단어로 자연은 '피시스 physis'인데 역시 태어난 것의 의미를 담고 있지만, 아리스토텔레스에 의하면 이때의 자연은 신이나 인간의 활동에 의존하지 않고 그 스스로 운동과 변화의 원리를 가진 것이었다. 자연의 운동 법칙을 연구하는 영어단어 'physics'를 연상하게 된다. 중요한 것은 이때의 자연이 인간과 이질적이거나 대립하는 것이 아니라 조화하는 것이었고 신도 자연을 초월한 존재가 아니라 자연 속에 깃들어있는 것으로 인식했다는 점이다.

그러나 그리스적 자연관과 달리 신이 자연을 초월해서 존재한다고 인식한 중세 기독교적 자연관은 이러한 그리스의 범자연주의적 세계관을 거부하고 신과 인간, 그리고 자연을 수직적 위계로 나누어 파악했다. 신은 자연을 창조한 존재이며 자연을 초월한 존재라는 인식이었다. 그리고 인간은 신으로부터 자연을 지배할 수 있는 권리를 허락받았는데 따라서 자연은 '원죄'와 연결되며 신의 은총에 보답하기 위해 대결해야 할 대상이 되었다. 이런 관점은 자연과 인간의 행위 **문화, 문명, 교양 등** 를 대립하는 구도로 만든다. 타고난 본성 **원죄** 으로부터 벗어나기 위해 인간은 '교양'을 갖추어야 한다는 식이다. 물론 모든 교양이 자연과 대립하는 것은 아니다. 근대 유럽의 교양을 상징하는 괴테와 실러의 세계관을 예로 들면 자연과 경험에 단단히 발을 딛고 생활의 중요성을 강조한 괴테와 인간의 자유를 추구한 이상주의자 실러를 떠올려볼 만하다.

이후 인간 이성의 힘이 더욱 강해지고 자연과학의 혁명이 일어나면서 자연은 벗어날 대상을 넘어 정복해야 할 대상으로까지 전락한다. 중세에서 근대로 넘어오며 신의 권위가 약화되자, 자연은 더욱 세속적으로 도구화되어 이윤추구의 수단으로만 취급받게 된 것이다. 자연은 오랫동안 인간과 조화를 이룰 대상이 아니라 지배하고 정복할 대상으로 인식되었다. 산업혁명과 자본주의의 발달이 이런 흐름을 더욱 부추겼다. 인간 이성 에 대한 신뢰와 기대가 커질수록 자연은 합리적으로 계산 가능한 대상이 되었고 자연의 반대편에는 개인, 교양, 문화 등이 위치 지어졌다. '시계'는 이런 흐름을 가장 잘 보여주는 물건인데, 시간 자연 을 분절시키고 통제한다는 문화적 상징으로서 그 의미가 크다.

동양에서 '자연'이라고 하면 대표적으로 노자 老子 의 '무위자연 無爲自然 '을 떠올리게 된다. 오늘날 우리가 사용하는 '자연'의 개념은 인간에게 대상이 되는 세계일반을 가리키는 명사로 쓰이고 있지만, 오히려 이는 '천지 天地 '나 '만물 萬物 ' 같은 단어에 가까웠고 노자를 비롯한 동양에서의 전통적인 자연 개념은 어떤 대상이나 존재라기보다는 인위를 가하지 않은 '상태'를 나타내는 말이었다. 노자는 '도 道 '가 언어로 환원할 수 있는 성질의 것이 아니라는 점을 강조하기 위해 '도를 도라고 말하면 도가 아니다 道可道非常道 ' 라고 했는데 이때의 언어나 의미 차원으로 환원할 수 없는 상태의 '도'가 자연과 같은 개념이라고 봐도 좋겠다. 장자 莊子 도 성인은 자연의 세계에 합일할 때 극치를 이룬다고 표현했거니와 다시 말해 동양의 자연은 그리스적 자연관과 유사하게 자연 속에서 신과 인간이 모두 연결되어있음을 강조한다. 사계절이 뚜렷하고 금수강산이라 불릴 만큼 자연조건이 훌륭한 한국도 마찬가지로 자연에 순응하는 세계관을 이어왔고 이런 세계관에서 비롯된 미의식은 지금도 우리에게 큰 영향을 주고 있다. 풍수지리와 자연숭배사상, 인간과 자연의 합일을 묘사한 산수화, 동학의 모심 侍 사상, 고졸 古拙 의 미의식 등이 그 예다.

한편 지금의 우리에게 '자연'이라는 개념이 막막하게 다가오는 이유 중 하나는 근대 서구의 언어들이 일본을 통해 번역해 들어오면서 맥락이 달라지고 여러 개념이 섞여들었기 때문이기도 하다. 사회, 개인, 근대, 연애, 존재, 자유 등의 단어와 마찬가지로 자연이라는 말도 근대에 들어온 단어인데 이런 번역어의 성립과정에 대해서는 야나부 아키라의 책[1]을 참고할 만하다.

1 『프리덤, 어떻게 자유로 번역되었는가』, 야나부 아키라, 김옥희 옮김, 2020, 에이케이커뮤니케이션즈

바로 지금, 우리가 '자연'을 다시 인식하고 자연에 대한 우리의 태도를 성찰해야 할 이유는 차고 넘친다. 당장 우리가 겪고 있는 코로나19 사태 때문이기도 하지만, 20세기 인류가 보여준 근대성의 한계를 극복하기 위해서도 꼭 필요한 과정이다.

스스로 운동 원리를 갖는 상태로서의 자연은 물론, 근대 이후 우리에게 익숙한 환경으로서의 자연을 새삼 되새겨 보려는 시도는 그동안 우리가 잊고 있었거나 고의로 제쳐두었던 신심信心의 회복을 방법론 삼아 생명과 평화의 정신에 가 닿기를 소망한 결과이다. 곧, 근대적 세계관이 배제한 동시에 뒤로는 굳건히 손잡고 있던 생명과 영성, 신성과 토테미즘 등에 대한 복권이기도 하다. 장 그르니에가 『섬』에서 쓴 것처럼 "몸과 혼으로 알려고 하지 않고 지능으로 알려고 하는 모든 사람이 한결같이 가지는 잘못된 생각"에 대한 반성이랄까.

지난 2015년 6월 18일, 프란치스코 교황은 환경에 관한 회칙 '찬미를 받으소서 Laudato Si'를 발표하며 정의의 새 패러다임으로 '온전한 생태계'를 제시한 바 있다. 인간주의 humanism의 시대, 기술만능주의의 시대에 대한 비판이자 새로운 패러다임이다. 지난날의 시대정신이었던 비판 kritik, 선 긋기, 分法과 파괴 대신 '이음 network'과 생기生氣에 주목하며 새로운 시대를 지금보다 잘 예비하려는 노력이 절실하다. 인간뿐 아니라 모든 생명이 함께 공진화 共進化, Co-evolution 해야 한다. 다른 인간, 나아가 다른 생명과 교감하며 얻게 될 생기와 에로스의 힘은 비로소 우리로 하여금 '살아있음'을 온전히 자각하게 하고 전일적 세계관을 가진 존재로 거듭나게 할 것이다.

두서없는 글을 마무리할 때가 된 것 같다. 요약하자면 그동안 우리는 자연을 개인, 문화, 문명, 교양, 정신 등에 대응하는 것으로 바라봐왔다. 선 긋고 구분하고 상극 相剋 하려는 것이 인간의 길이었다면, 혼융하고 껴안고 상보 相補 하려는 것은 자연의 길이었다. 둘 중 하나를 택하자는 이분법의 논리로 접근할 일이 아니다. 지금 우리가 새롭게 직면하고 있는 온라인을 비롯한 여러 가상공간과 메타버스 등은 인간이 신이 되어 창조하는 또 하나의 자연일 수 있다.

최근 세계적으로 큰 인기를 끌고 있는 넷플릭스 드라마 〈오징어게임〉에서 나온 '깐부'라는 말이 유행이다. 놀이할 때 새끼손가락을 걸고 함께 하는 단짝이나 짝꿍과 같은 말로, '깐부'는 딱지나 구슬도 공동소유한다. 새삼 질문해보게 된다. 지구상에서 우리는 서로서로 깐부일까. 자연과 우리는 깐부일까. 만약 아니라면 그 원인과 책임은 누구에게 있고 그 결과는 어떤 모습일까.

인간 이성의 힘을 믿고 새로운 시대를 열고자 했던 근대의 많은 사상가들이 꼭 자연을 지배의 대상으로만 본 것도 아니다. “무엇이든 자연에 반反하는 것은 이성에 반하는 것이며, 이성에 반하는 모든 것은 불합리하다”고 했던, 근대 초기 철학자 스피노자의 유명한 말을 오랜 시간을 거슬러 다시금 소환해본다.

스스로 운동 원리를 갖는
상태로서의 자연은 물론,
근대 이후 우리에게 익숙한
환경으로서의 자연을
새삼 되새겨보려는 시도는
그동안 우리가 잊고 있었거나
고의로 제쳐두었던
신심信心의 회복을 방법론 삼아
생명과 평화의 정신에 가 닿기를
소망한 결과이다.

이성철

창원대학교 사회학과 교수이며, 산업 및 노동사회학을 가르치고 있다. 산업 문제를 문화의 시각에서 바라보려는 관심으로 여러 논문과 단행본을 썼다. 대표적인 저서로 『영화가 노동을 만났을 때』 『안토니오 그람시와 문화정치의 지형학』 『노동자계급과 문화실천』 『경남지역 영화사』가 있다.

자연과 사회의 공생은 꿈속의 꿈일런가

자연에 대한 이야기는 우리 주위에 정말 많다. 이론적이고 학술적인 논의에서부터 자연의 어원과 관련된 고전이나 언어학 저서에서도 무수하게 찾아볼 수 있다. 그러나 사회학적 의미에서 자연과 관련된 이야기는 드물다. 사회-자연에 대한 그간의 논의와 사례들을 찾아보았지만, 자연 따로 사회 따로의 글들은 많았지만, 이 둘을 대비시킨 논의들은 매우 소략했다. 그러던 어느 날 친하게 지내는 선배님이 "사회는 자연의 반대말이지요…."하며 지나가듯 말씀하셨다. 이 말을 화두로 삼아 생각들을 하나둘씩 모으기 시작했다.

서양인들은 현재 우리가 사용하고 있는 말들의 첫 출발, 즉 어원을 대개 세 가지 자료에서 그 근원을 찾는다. 성서, 신화, 그리고 그리스어 또는 라틴어 등이 그것이다. 그리스어에서는 자연을 '퓌시스'라고 한다. 이에 대립되는 말, 즉 자연과 반대되는 말은 '노모스'이다. 고대 그리스의 철학자들이 자연과 대립된다고 판단한 제도, 도덕, 종교 등, 즉 사회나 그 구성요소들을 노모스라 칭하였다. 고대 이집트의 행정 자치구역의 명칭도 노모스였다. 이치노카와 야스타카 市野川容孝 도 그의 책 『사회』에서 비슷한 논지를 펼치고 있다. 노모스 **즉 사회** 라는 용어의 사용은 자연상태를 변화시켜 인간 삶을 좀 더 편리하게 만들려고 했던 인간의 행위와 의지가 들어간 생산물이라 할 수 있다. 문제는 인간의 이러한 노모스적인 행위가 기존의 퓌시스를 얼마나 훼손하며 진행되었는가 하는 점이다. 우리가 헨리 데이비드 소로의 『월든』을 동경하는 이유도 무모하고 급진적인 노모스적 자연 파괴활동 때문이 아니겠는가. 즉 어떤 사회여야 하는가가 근본적인 문제인 셈이다. 달리 말하자면 자연을 건드리지 않고 순절하게 응시만 하는 것이 아니라 nature-naturing 자연을 어떻게 돌보며 nature-nurturing 사회와 공존할 것인가의 문제인 것이다.

사회학의 역사에서 자연에 대한 사회의 역습을 다룬 논의는 허버트 스펜서에서 찾아볼 수 있다. 허버트 스펜서는 사회진화론의 창시자 중의 한 명이기도 하고, 현재 많은 비판을 받고 있지만 여전히 맹위를 떨치고 있는 에드워드 윌슨 등의 사회생물학에 일정한 영향을 미쳤다고도 평가받는 이론을 제시한 학자이기도 하다. 그는 찰스 다윈의 친구였다. 다윈의 진화론에 감명받은 스펜서는 다윈이 『종의 기원』에 쓴 적도 없는 '적자생존 survival of the fittest '이라는 개념을 만들었다. 잘 알려져 있듯이 다윈의 진화론에는 약육강식이나 더 우월한 목적을 지닌 진화라는 말은 없다. 즉 관찰에 기초한 가치중립적인 진화의 개념을 제시한 것이다. 유기체들의 자연선택과 성선택 등을 통한 '적응 능력의 신장'이 주요 내용이었다. 그러나 스펜서는 산업혁명 등의 여파와 진동이 이어지고 있는 당시 영국 사회의 비약적인 도약과 세계로의 진출 모습을 보고, 자연의 법칙이 마치 인간의 도덕적 기준이 되는 것처럼 생각하여, 자연세계가 경쟁적이니 사회도 경쟁적이어야 한다고 주장하기에 이른다. 이런 생각의 기초 위에서 탄생한 개념이 '적자생존'이다. 매우 그럴싸하지 않은가? 이 개념이 처음 제출되었을 때 친구 다윈은 우려를 감추지 않았다. 그러나 그도 이 개념이 사회를 설명하는데 알맞다고 생각했는지 『종의 기원』 제5판에 이 개념을 포함시키기도 했다. **보다 자세한 내용에 대해서는, 김웅진, 『꼭 한 번은 읽어야 할 생물학 이야기』를 참고할 것.**

그러나 자연에 대한 사회의 역습, 또는 자연과 사회 불화의 역사 출발을 스펜서에게 모두 돌릴 수는 없다. 최근 재조명되고 있는 스펜서 사상의 진면모는 그의 사상이 적자생존의 강조에 있지 않다는 점이다. **이에 대해서는 국내에도 번역된, 『개인 대 국가: 국가가 해야 할 일은 무엇인가?』를 참고할 것.** 오히려 스펜서 사상의 총체적 성격은 다윈이 강조했던 공생과

협동의 측면이 훨씬 많다는 점이다. 그는 사회의 진보는 '자발적인 협동'에서 생겨난다고 강조한다. 이 점은 미국으로 이주한 초창기 청교도들의 생활에 큰 영향을 미치기도 했다. 지금은 스펜서를 읽는 사람이 거의 없지만 이 당시만 하더라도 스펜서의 사상은 미국 사회에 큰 영향을 끼치고 있었다. 그가 말한 '적자' 개념은 강한 지배자가 아니라 근면하고 타인을 돕는 이타주의자 정도였는데 침소봉대된 면이 있다는 것이다.

오히려 다윈의 영향을 받고도, 자연-사회의 공생과는 거리가 먼 길로 가버린 사람은 따로 있었다. 다윈의 사촌이기도 했던 과학자 프랜시스 골턴이다. 그는 범죄자를 찾는데 큰 도움이 되는 지문의 연구에도 기여했고, 인간의 공감각 연구에도 중요한 업적을 남기기도 했다. 그러나 다윈의 영향을 받기는 했지만, 다윈의 자연선택보다 오히려 계획적이고 통제된 번식을 강조함으로써 행동유전학의 첫걸음을 내디뎠다. 그는 이러한 생각을 기초로 '우생학 eugenics'이라는 단어를 만들고, 이를 학문 분야로 정립하게 된다. 그는 '본성과 양육'이라는 표현을 최초로 사용한 인물이기도 하다. 그의 우생학은 20세기에 들어서면서 주류 과학의 한 분야로 자리 잡게 되었고 사회생활에 구체적으로 적용되기 시작한다. 영국에서 시작된 우생학이 미국과 독일을 거쳐 북유럽으로까지 확대 적용된다. 미국의 우생학회 설립, 스웨덴의 단종법 시행, 그리고 히틀러의 인종말살 정책으로까지 이어지게 된 것이다. **보다 구체적인 내용에 대해서는 강창래, 『책의 정신』을 참고.** 그러므로 우생학은 사회라는 자연을 파괴시킨 대표적인 사례라 할 수 있다. 독일의 에른스트 헤켈, 한스 프리드리히 귄터 등은 다윈의 이론을 왜곡하고 악용한 대표적인 학자들이었다. 이들에 의해 '생물학적 민족주의'가 주창되고, 나치의 인종 말살의 이론적 근거가 되었다. **이들의 행적에 대해서는, 이븐 셰라트, 『히틀러의 철학자들』을 참고할 것.** 영화 〈가타카〉와 게오르규의 원작을 영화화한 〈25시〉에서 생생한 간접 체험을 할 수 있다. 허버트 스펜서는 억울하다.

이러한 상황과 관련된 또 다른 역사적 사례가 있다. '적자생존 適者生存 '이라는 번역어가 탄생한 일본의 상황에서 찾아볼 수 있다. 이노우에 데쓰지로 井上哲次郎 는 영어의 '릴리전 religion '을 '종교 宗教 '라는 한자어로 처음 번역한 사람이다. 그리고 지금 이야기하고 있는 '적자생존'이라는 번역어도 그가 만들었다. 단어 자체만 두고 보면 적절한 번역이기도 하고, 우리들이 이해하기에도 쉬운 말이다. 그러나 과학뿐만 아니라 개념이나 이론들도 객관성의 칼날이라는 엄중한 자리에서 자신을 신중하게 유지하는 경우는 그렇게 많지 않다. 독재자의 이데올로기나 권위주의 정부 논리에 봉사하는 어용의 자리를 기꺼이 취한 것이 저간 역사의 어두운 면이기도 했다. 이노우에는 천황제 국가의 이념적 틀을 만드는 데 힘을 쓴 동경제국대학교의 철학과 교수였다. 그는 적자생존이라는 개념을 다음과 같은 마음으로 만들었다. 즉 "동아시아에서 일본만이 유일한 강자이며, 조선이나 만주는 약자일 뿐이다. 약자의 희망이라면 일본의 변두리에서 지배를 받아야 하는 것뿐이다." 이러한 양육강식의 논리는 일본 군대의 아버지라 불리는 오무라 마스지로, 사회진화론을 편리하게 갖다 쓴 사쿠마 쇼잔을 거쳐 탈아론脫亞論을 주장한 후쿠자와 유키치에 이르게 된다. **자세한 내용은 유대칠, 『대한민국철학사』 참고.** 동서양을 막론하고 적자생존의 개념을 악용하고 확대 재생산시킨 국가들의 공통점은 제국주의와 전쟁을 선호하던, 자연과 사회의 파괴자들이었다는 것이다.

글의 서두에서 자연과 사회는 대립되는 말이라고 언급했었다. 그러나 나는 이러한 이항대립적인 구분은 실생활에서 그리 큰 도움이 되지 않는다고 생각한다. 왜냐하면 자연에 대한 사회의 역습을 제어하며, 자연과 사회가 공생할 수 있는 방안에 대해 철저하고 진지하게 고민하고 실천하는 '생태학적 사고'가 오히려 필요하기 때문이다. 그리고 같은 사회라도 모두 똑같은 사회가 아니다. 그래서 자연-사회의 공생을 위해서는 '어떤 사회가 필요한가'를 모색하는 생태학적 사고가 중요하다. 사회생태학에서 말하는 생태체계 개념이 하나의 사례가 될 수도 있겠다. 이에 따르면 생태체계에코-시스템, Eco-system은 다른 말로 POET-system이기도 하다. POET는 P population **인구**, O Organization **조직**, E Environment **환경**, T Technology **기술** 의 첫 글자에서 따온 것이다. 생태체계가 시인의 마음처럼 예민하고, 작은 것도 소홀히 하지 않고, 문제를 지적하고 비판하며, 종국에는 대안적인 희망까지 제시할 수 있어야 한다는 뜻에서 이러한 생태사회 모델을 제시한 것이라고 생각한다.

이들 각각의 요소는 끊임없는 긴장관계에 놓이기도 하고, 예민한 상호작용도 한다. 이 중에서 하나의 요소만 과잉되어도 나머지 요소들은 치명적인 피해를 입게 된다. 불행하게도 현재 대부분의 사회는 T, O, P가 상대적으로 과잉이다. 이 탓에 우리를 둘러싼 자연환경E의 역습이 일어나고 있다. 아마 기후위기가 대표적일 것이다. 테리 이글턴은 『문화란 무엇인가』에서 이렇게 말한다. "문명이라는 단어는 인간이 만들어낸 세상을 가리킨다. 나는 이를 '사회'로 표현했다. 문명은 자연에서 시작해 인간을 둘러싼 환경의 거의 모든 것에서 인간 자신의 모습을 보게 되는 지점까지 가는 것을 포함한다. 위의 T, O, P 요소가 확산되는 과정이라고 생각한다. 이전 시대의 삶은 전반적으로 자연이 지배하던 형태였던 데 반해, 이제는 인간이 만든 것에 둘러싸인 이런 방식의 환경이 얼마나 새로운지조차 재인식하기 어렵다. **환경E의 부정적인 효과도 인식하지 못할 만큼 자연을 문명화했다고 인간들이 자만하는 것이라고도 할 수 있다.** 위에서 제시한 모델 하나가 근본적인 대안이 될 수 없지만, 자연-사회의 공생에서 결여된 것이 무엇인지에 대해 숙고할만한 시사점은 있으리라 생각한다.

자연-사회의 공생에 대해 맹자는 '조장 助長'이라는 개념을 우리에게 던진다. 문자 그대로는, '남을 돕는다'는 것이지만, 실제의 의미는 '억지로 힘을 가해 자라게 한다'는 뜻으로, 겉으로는 도와주는 것처럼 보이지만 결국 해를 끼치는 행위를 비유하는 말이다. 자연과 사회의 공생은 위에서 말한 각각의 요소들을 잊어버리지도 말고 억지로 조장하지도 말아야 한다는 원칙에서 성찰되어야 할 것이다. **물망불조장勿忘不助長** 난개발, 핵발전소, 기후문제 등은 자연-사회의 상호 조장이 아니라 상호 파멸에 이를 수 있음을 이미 여러 경험을 통해 잘 알고 있지 않은가.

글의 서두에서 자연과 사회는
대립되는 말이라고 언급했었다.
그러나 나는 이러한
이항대립적인 구분은
실생활에서 그리 큰 도움이
되지 않는다고 생각한다.
왜냐하면 자연에 대한 사회의
역습을 제어하며, 자연과 사회가
공생할 수 있는 방안에 대해
철저하고 진지하게 고민하고
실천하는 '생태학적 사고'가
오히려 필요하기 때문이다.

황규관

시인. 전주 출생. 전태일문학상을 받으며 작품 활동을 시작했다. 시집으로 『패배는 나의 힘』 『태풍을 기다리는 시간』 『정오가 온다』 『이번 차는 그냥 보내자』 등이 있고 산문집 『강을 버린 세계에서 살아가기』 『문학이 필요한 시절』과 김수영을 읽고 쓴 『리얼리스트 김수영』이 있다. 제22회 백석문학상을 수상했다.

자연,
자유를 위한
조건

코로나19로 인해 우리의 생활에 많은 변화가 일어난 게 사실이다. 무엇보다도 코로나19 이전으로 우리의 삶이 되돌아가서는 안 된다는 생각은 광범위하게 공유되고 있는 것 같다. '이전'이 가리키는 시간대는 코로나 바이러스의 창궐을 야기한 그간의 역사일 것인데 여기에서 날카로운 대립이 감지된다. 코로나19가 발생한 원인에는 대체적으로 뜻을 같이 하지만 그 '다음'에 대해서는 의견이 갈리는 것 같다. 코로나 바이러스는 자본주의 산업문명이 야기한 생태적 문제가 가장 크게 지목받는다. 간단히 말하면 그동안 존재했던 생명체 간 삶의 영역을 자본주의 산업문명이 허물면서 바이러스의 활동 역량이 종차種差를 넘어선 것이다. 이른바 인수 공통감염병이 그것의 증거이다. 돌이켜보면 인류의 삶은 바이러스와 만나는 사건의 연속이었지만 그게 그렇게 밝은 기억만은 아니었다. 바이러스가 인간의 목숨을 훼손시킨 경우가 있었기 때문에 그 기억은 사실에 부합되기도 한다. 하지만 과연 바이러스와의 만남이 있어서는 안 되는 악마적인 사건인지 묻는 일은 병행되지 않았다. 이 물음의 틈새로 반도덕적, 반인간적인 '세이렌의 목소리'가 들어오기 때문인 걸까. 아무래도 그 사건들이 악마의 얼굴을 하고 있어야 인간의 삶이 그나마 위로받을 수 있는 것은, 그동안 우리가 인간중심적인 사고에 깊이 절어 있었기 때문일 것이다. 하지만 순간적인 위로를 거부하는 물음이 인간의 정신과 영혼을 바꿔놓을 수 있다는 것도 우리가 간직하고 있는 역사적 진실이다.

오늘날 우리를 긴장시키는 것은 코로나뿐만이 아니다. 기후위기의 증상들이 몇 년 사이에 명백하게 드러나면서 인류의 시계가 급박하게 돌아가고 있기 때문이다. 사람들은 기후위기와 코로나 바이러스의 창궐이 일어난 원인을 동일한 것으로 보고 있으며 코로나로 인한 사회적 거리 두기가 기후위기의 누적 원인인 이산화탄소 방출을 감소시켰다는 소식은, 그것을 뒷받침하기도 한다. 이로 인한 해결책으로 이른바 '탄소중립'이 주창되고 있는데, 보다 적극적으로 그 의미를 풀어 보면 그동안 자본주의 산업문명이 무차별적으로 파괴한 자연을 가급적 빨리 회복시키자는 것이다. 우리가 욕망의 움직임을 조금 늦추자 이산화탄소 배출이 줄어든 것과 동시에 우리를 지독하게 괴롭혔던 미세먼지가 순간 감소하기도 했다.

노자의 말대로 자연은 본래 인자하지도 않고 잔인하지도 않고 도리어 어떤 방식으로든 인류를 포함한 살아있는 생명체를 감싸 안은 채 아무 목적 없이 운동할 뿐이다. "天地不仁 以萬物而爲芻狗" 『도덕경』 5장 자연은 생명이 펼쳐지고 되감기는 '신비의 영역'에 다름 아닌 것이다. 하지만 자연은 인간의 역사에 따라 달라진다는 사실도 유념할 필요가 있다. 즉, 신비의 영역에 인위적인 조작을 가하면 그 신비는 전혀 엉뚱하게 작용할 수도 있다는 말이다. 알고 보면 인류의 의식이라는 것도 기나긴 생명 역사의 연장선에 있다. 인류의 의식 자체가 생명의 역사를 통해 형성된 것이고, 자연이 인간의 역사에 따라 다른 얼굴을 지닌다는 게 진리라면 우리는 자연에게 무언가를 명령하는 삶이 아니라 자연과 순응하면서 조화를 꾀하는 역사를 꾸려나가야 맞다. 인류가 자연을 정복하려 했던 것에 지금 벌어지고 있는 사태의 원인이 있다면, 그 역사의 물줄기를 바꾸는 것만이 자연의 회복에 기여하는 일이 되고, 자연의 회복에 따라 자연과 인류의 관계에도 변화가 올 것이다.

여기서 우리는 '정복' 개념을 역사적으로 살펴볼 필요가 있다. 정복은 인류의 전 역사에 걸쳐 확인되지만, 정복이 모든 가치 중 가장 앞에 놓인 것은 자본주의 시대에 들어서이다. 자본주의는 정복 없이는 단 하루도 지탱하지 못하는 세계이기에 자본주의와 정복 사이에는 언제나 등호=가 성립된다. 자본주의의 정복 역사는 대략 다음과 같은 순서로 일어났다. 먼저, 전통 사회의 공통된 부를 정복해 토착민들을 그 삶의 터전에서 내몬 다음에, 그들의 생계와 목숨을 담보로 유일하게 남은 생명력을 노동력으로 바꿔 정복하고, 그 다음 문화와 역사마저 정복했다. 이런 방식은 식민지를 통해서 다시 반복되는데, 이것은 우리가 역사를 평면에 펼쳐놓고 관찰했을 때 가능한 언술일 뿐. 실제로는 이 순서를 되풀이하면서 그리고 동시적으로 반복하면서 정복을 일삼아왔다. 간단히 말해 정복의 최종 목적은 식민지이며, 이 식민지 없이는 자본주의 산업문명은 하루도 존속하지 못한다. 자연, 노동력, 정신과 문화, 토착민의 역사와 지혜 등등을 식민화시키지 않고는 자본주의는 배겨나지 못하는 것이다. 그러나 이 식민지가 한 국가의 외부에만 존재한다고 생각하면 큰 착각이다.

기후위기와 코로나 팬데믹 이후, 우리에게 자연의 문제가 심각하게 대두된 게 사실이지만 만일 자연에 대한 정복을 급작스레 철회하게 된다면 -이게 현실적으로 가능하지도 않거니와- 인류는 경제적으로 빈곤한 사람들의 삶부터 붕괴되고 말 것이다. 다르게 말하자면 우리의 삶 자체가 자본주의 산업문명에 뿌리까지 붙들려 있다는 뜻이다. 하지만 오늘날 자연에 대한 인식론적인 급변이 요구된다는 것만큼은 분명한 시대 상황이다. 그럼에도 불구하고 자연은 여전히 정복의 대상이 되고 있으며, 심지어 이산화탄소 배출을 줄인다며 진행되고 있는 재생에너지 발전까지 자연을 위협하고 있다. 이는 그동안 누려왔던 '풍요로운' 생활을 포기할 수 없다는 관성화된 욕망 때문인데, 이 욕망은 우리의 본성이라기보다 자본주의 산업문명이 조작, 강제해서 생긴 결과이다. 따라서 다시 자연을 말한다는 것은, 정신의 퇴보가 아니라 이성의 회복을 의미한다. 그럼에도 불구하고 아직도 우리 주위에는 자연을 말하면 역사적 퇴행으로 간주하는 '뼛속까지' 근대인들이 대부분이다. 갈릴레오와 데카르트 이후 자연에 대한 수리학적 인식이 지배적인 시간을 살아오면서 자연을 통해 왜곡된 감정과 인식을 본성인 것처럼 받아들인 까닭일 것이다.

칸트는 자연도 우리의 인식의 결과물이라는 철학적 입장을 제시했다고 하는데, 그리되면 우리가 시시각각 경험으로 느끼는 것마저 허상에 지나지 않게 된다. 하지만 자연을 통한 우리의 구체적인 감각은 실제로 존재하며 그것이 우리의 기억을 구성하고 나아가 감성과 사고에 영향을 끼친다. 구체적인 감각이 순간적이라 해서 허상이라고 몰아붙이는 것은, 감각이 수학적으로 해명되지 않아서 자행되는 무지에 해당된다. 또 사유의 전 과정을 돌아보건대, 감각을 불러일으키는 사물과의 만남 **사건** 없이 사유가 시작된다는 근거도 희박할뿐더러 설령 사유가 연역적인 방식으로 분석된다 하더라도 그것에 대한 실증은 구체적인 감각을 통해서만 가능한 것이다. 이렇듯 어떤 식으로든 구체적인 감각은 살아 있는 생명의 주요한 작용이며 요소인데, 그 감각이라는 것은 자연에 존재하는 사물을 만나는 사건에 다름 아니다. 이것은 단순히 자연 예찬이 아니라 삶의 조건을 말하는 것이다. 한나 아렌트는 인간의 조건은 지구라고 말했지만, 이 말은 어디엔가 서구적인 관념이 엿보이는 선언이다. 한 사람의 조건은 그가 구체적으로 속해 있는 강, 산, 들판, 언덕, 길, 그리고 논과 밭이기 때문이다. 그가 사는 지방의 기후이기 때문이다.

코로나와 기후위기가 자연에 대한 자본주의 산업문명의 무차별적인 파괴와 수탈 때문에 벌어졌다는 사실이 드러나고 있는 와중에 우리가 다시 자연을 우리의 삶의 영역에 불러들이는 것은 가장 본질적이며 급진적인 대응에 해당된다. 하지만 아직도 자연은 도시인들의 휴게소 기능에 머물러 있는 것처럼 보인다. 이것은 자연에 대한 인식이 실용 차원에 머물러 있기 때문이다. 또 자연을 여전히 대상화하는 현상과도 밀접한 관련이 있는 것처럼 보인다. 자연을 '스스로 그러함', 서구 철학의 언어를 빌리자면 자기원인을 가진 존재로 받아들이는 철학이 부재하는 한 자연은 앞으로도 도시인들의 휴게소에 머물 것이다. 알려져 있다시피, 스피노자는 실체와 신, 신과 자연을 동일시했다. 그에게 유일한 실체, 즉 존재는 신 하나인데 그 신은 자연을 통해 그 모습을 드러낸다. 여기까지가 이른바 '범신론'이다. 만일 신이 자연을 통해 자신을 드러낸다면 자연 속에 실존하는 각 사물들은 신의 어떤 면을 표현하고 있는 것이다. 인간이 자신을 자연 외적 존재로 인식한다면 인간은 신과의 연결이 끊어지고 만다. 신과의 이어짐을 단절하고 신의 자리에 자본과 국가 또는 문화적 환경에 따라 온갖 근대 정치적인 제도들과 관념들을 올려놓은 것이 지금껏 자연을 파괴한 역사의 관념이었으며, 파괴된 자연 위에 구축된 상부구조였다. 이것은 유신론이냐 무신론이냐 하는 유치한 양자택일의 문제가 아니다.

인간이 신과의 관계를 끊어버리고 자연을 정복하기 시작하면서 비극은 시작되었다. 아니, 비극이라는 것은 차라리 우리의 정서가 살아 있다는 증표라도 된다. 자연을 정복·수탈하면서 인간은 삶의 모든 드라마를 삭제한 사막을 확장시켰다고 보는 게 맞을 것이다. 사막은 말 그대로 모래 무덤인데, 대도시의 모든 건물들이 모래로 만들어졌으니 사막은 단순한 비유가 아니다. 사실 우리가 사는 대도시는 자연의 파괴 위에서 만들어진 것이며, 다시 대도시를 거점으로 해서 자연의 파괴가 지속된다. 우리가 사는 대도시야말로 자연 파괴의 생생한 증거이자 얼굴인 것이다. 대도시의 또 다른 특징은 어둠을 꺼버렸다는 데에 있다. '칠흑 같은 어둠'은 자연의 반쪽이고 신이 실질적으로 거주하는 영역이다. 하이데거는 존재를 '밝음 **탈은폐**'이라는 언어로 표현하기 좋아했지만, 동시에 '어둠 **은폐**'으로 말하기도 했다. 그러니까 존재는 어둠을 잃어버리면 반이 사라지는 것이고, 존재 차원에서 '반'은 수학적인 1/2이 아니라 전체에 해당된다. 즉 존재의 반이 사라졌다는 것은 존재 자체가 '허무'가 되었다는 뜻도 된다. 대도시는 완벽하게 어둠을 추방했다. 존재를 추방하고 상품과 욕망을 밝혀놓았다. 어둠을 꺼버리고 상품을 만들었고, 상품을 만들어서 어둠을 꺼버렸다. 어둠이 없으니 사랑도 없고 사랑이 없으니 꿈도 불가능해졌다.

김수영의 「사랑의 변주곡」은 이러한 현실 속에서 다시 읽어볼 만한 작품이다. 그는 '욕망의 입 속'에서 사랑을 발견하겠다고 **의미상으로는 '발견했다'이지만** 한다. 이것은 어떤 '전환'에 해당된다고 나는 읽는다. 욕망의 입에서 사랑을 탄생시키는 이 전환이 작품의 뼈대를 이루고 있는데 여기서 사람들이 놓치는 구절이 있다. "강 건너에 사랑하는/ 암흑이 있고"가 그것이다. 이 구절의 앞뒤에 나오는 사물들이 모두 자연 속의 존재인 것 **"강이 흐르고"와 "삼월을 바라보는 마른 나무들"** 을 감안했을 때, 김수영이 말하는 "암흑"은 그냥 '어둠'이지 별다른 상징을 갖지 않는다. 그 어둠을 시인은 사랑한다고 한다. 어둠을 사랑하는 것은 사실 시의 일이기도 하다. 좋은 시에는 밝음이 빛나고 있을 때도 어둠의 골짜기가 존재한다. 왜냐면 우리의 존재 또는 삶의 반은 어둠에 잠겨 있기 때문이다. 이것은 어둠에 자기 실존의 반을 담그고 있는 사람이 시인이라는 말도 된다. 김수영이 "암흑"을 사랑하게 된 것은, 작품에 즉해 말하자면, 강이 도시의 소음을 지우고 어둠을 만들어냈기 때문이다. 그는 이 어둠을 "사랑의 위대한 도시"라고 명명하면서 "봄베이도 뉴욕도 서울"과도 다른 도시라고 말한다. 여기에서 욕망으로 점철된 근대 문명과 다른 존재가 태어난다고 하면 지나친 해석일까? 물론 시에서는 그 다른 존재를 시간으로 표현하고 있다. 그 시간은 "복사씨와 살구씨가/ 한번은 이렇게/ 사랑에 미쳐 날뛸 날"이다. 하지만 그 시간은 막연한 미래가 아니라 이미 우리 안에서 으르렁대는 시간이다. 즉 「사랑의 변주곡」은 욕망이 사랑으로 전환된 시간에 대한 작품이며 그 매개는 바로 시인이 겪은 혁명이라는 역사적 사건이다.

이렇듯 우리가 자연을 말할 때, 인식론적 단절과 혁명을 함께 수행해야 하는 것은 자연을 대상화하는 자본주의 산업문명에서 벗어나야 하기 때문이다. 자연은 단순하게 '도시 바깥'이 아니다. 자연은 공간 차원의 안팎의 문제가 아니라 깊이와 높이의 문제이다. 자연을 말할 때 눈에 보이는 세계만을 말해서는 안 되는 이유는, 지금껏 자본주의 산업문명이 자연을 대할 때, 자연을 가시적인 세계로 환원시켜 말해오면서 우리의 언어도 깊이와 높이를 빼앗겼기 때문이다. 자연은 자기원인인 동시에 모든 존재자의 원인이기도 하고,

현존이 발생하는 지평이기도 하다. 그것은 수직적으로 솟아나면서 동시에 무한한 수평적인 관계가 펼쳐지는 '거시기'이다. 그 안에서 인간의 역사가 일어나며, 그 역사의 연속을 우리는 세계라고 부른다. 물론 자연은 인간의 역사에 따라 그 의미가 조금씩 달라진다. 이렇게 자연과 역사는 서로 맞물린 채 운동하기에 허무주의가 끼어들 여지가 없다.

코로나 바이러스는 자연이 우리에게 말 건네는 '검은 언어'이다. 그 언어는 우리에게 침묵을 가르치고 있는 중이다. 우리는 지금 대량 생산 체제에 살고 있다. 즉 상품의 대량 생산, 밝음의 대량 생산, 언어의 대량 생산, 욕망의 대량 생산, 지식의 대량 생산……. 그리고 우리에게 남은 것은 무엇일까. 모든 것을 대량으로 소유하고 있으면서 아무것도 가진 게 없고, 심지어 가난마저 대량 생산으로 인해 비참이 되고 말았다. 코로나는 이제 그것을 그만두라고 한다. 자연이 말하는 침묵은 너무도 큰 언어여서 우리가 알아듣지 못하고 살아왔는지 모른다. 그 큰 언어를 알아듣지 못하고 살아온 미증유의 결과가 기후위기 사태가 아니겠는가.

그래서 나는 코로나 바이러스 또한 자연이라고 말하며, 실제로 바이러스와 인류 사이에는 무수한 공존과 갈등이 동시에 있어 왔음을 겸허히 받아들여야 한다고 보는 입장이다. 그리고 이게 생명의 법칙이기도 하다. 물론 바이러스와의 갈등 관계는 인류의 목숨을 훼손해왔다. 이것에 대한 대처는 별개의 문제이고, 동시에 우리는 그 아래의 층위까지 느끼고 생각할 수 있어야 한다. 바이러스에 대해 모두가 의학적 만남에 만족하거나, 또는 **바이러스에게는 적용되지 않으며 심지어 인류에게도 역사적이며 문화적 성격을 갖는** 도덕관념으로 바이러스라는 존재를 재단하는 일은, 결국 자연에 대한 실용주의적 발상의 다른 면일 뿐이다. 그리고 그것을 버리지 못하는 한 바이러스는 언제나 악마의 얼굴을 가지고 우리 앞에 나타날 것이다.

악하지도 선하지도 않은 자연과 각자의 생명체나 그 집단이 '좋은 관계'를 맺기 위해 분투하는 것이 삶이다. 그러지 않고 자연을 이용하거나 거부한 결과가 지금 우리가 처한 상황인데, 좋은 관계를 가지려면 먼저 자연에 대한 경외와 긍정이 전제되어야 한다. 하지만 경외와 긍정이 '의식적으로' 계발될 수 있는지는 미지수이다. 자연에 대한 인식의 극적인 전환은 래디컬한 정치 문제이기 때문이다. 앞에서 말했듯, 자연을 정복하고 파괴, 수탈하는 것이 우리가 사는 자본주의 산업문명의 본질인데, 이것을 끊으려면 정치적 싸움과 인식론적 혁명이 동시에 필요하다. 문제는 지금까지의 정치의식과 감성으로는 이것이 불가능에 가깝다는 점이다.

지금까지의 서구의 변혁론 또한 자본주의 산업문명의 부산물일 가능성이 크다. 앞에서 말했듯 자연을 보임 有 의 세계로만 국한시키는 것으로는 존재와 문명의 전환은 이루어지지 않는다. 보임有의 세계를 창조하는 보이지 않는 세계에 대한 느낌을 회복하는 것이야말로 전환의 근본 바탕이 아닐까. 그 보이지 않는 세계를 무엇이라 지칭하든, 그 세계를 우리의 영혼에 들이붓는 일을 그러니까 누가 할 수 있는 것일까. 이 물음 **공안**公案 앞에서 우리는 자유로울 수 없다. 실용적으로 선택 가능한 자유는 자연의 자유도 삶의 자유도 아닌 상품의 자유일 뿐이다. 그리고 이 상품의 자유가 정치적 자유로 얼굴을 바꿔 낀 채 행세하고 있는지도 모른다. 자연/ 삶의 자유는 어떤 고통을 떠나지 않는/ 떠날 수 없는 것이다. 자신이 처한 한계와 조건을 긍정하는 일에서 자유는 피어나기 때문이다. 다시 물어보자. 저 보이지 않는 세계를 길어 우리의 영혼에 들이붓는 일은 무엇이 할 수 있는 일인가?

코로나 바이러스는
자연이 우리에게 말 건네는
'검은 언어'이다. 그 언어는
우리에게 침묵을 가르치고 있는 중이다.
우리는 지금 대량 생산 체제에
살고 있다. 즉 상품의 대량 생산,
밝음의 대량 생산, 언어의 대량 생산,
욕망의 대량 생산, 지식의 대량 생산…….
그렇게 해서 우리에게 남은 것은 무엇일까.
모든 것을 대량으로 소유하고 있으면서
아무것도 가진 게 없고, 심지어 가난마저
대량 생산으로 인해 비참이 되고 말았다.

장희창

리프킨의 엔트로피와
괴테의 색채론

이성희

무의 들녘에서 만난 매화

황명호

자연과 '스스로움'

류영진

일본인들의 자연과의
거리두기에 대하여

강동진

무위자연無爲自然 정신으로 살기

김 준

한국의 갯벌, '쓸모없는 땅'과
'세계유산'의 사이

장희창

동의대 교수 역임. 독일고전문학 연구와 번역에 종사하고 있다. 지은 책으로『춘향이는 그래도 운이 좋았다』『장희창의 고전 다시 읽기』『고전잡담』이 있으며, 옮긴 책으로는 괴테의『파우스트』『색채론』에커만의『괴테와의 대화』니체의『차라투스트라는 이렇게 말했다』귄터 그라스의『양철북』『게걸음으로』『암실 이야기』『양파껍질을 벗기며』등 다수가 있다.

리프킨의 『엔트로피』와 괴테의 『색채론』

숲에서 땅에서 바다에서 기온이 올라가고 빙하가 녹고 바닷물의 수위가 상승한다고 난리다. 전대미문의 이러한 환경 위기는 도대체 어디에서 비롯되었는가. 간단히 말하자면, 산업혁명 이후 이산화탄소와 산소 간의 균형이 무너졌기 때문이다. 지구에 생명이 출현하고 식물이 무성해지면서 약 4억 년 전에 이산화탄소 농도는 280ppm으로 낮아졌다. 식물들의 광합성 작용이 왕성해짐에 따라 대기 중으로 방출되는 산소의 양도 늘어나 이산화탄소와 산소의 관계가 일정한 비례로 고정되었던 것이다.

그런데 인간의 출현으로 이러한 균형이 무너진다. 인간의 문명은 압축해 표현하자면 유기물을 태워 이산화탄소를 배출하는 과정이다. 유용한 에너지를 태워 무용한 에너지, 즉 쓰레기로 만들어버리는 소위 엔트로피의 원리를 가속적으로 몰아붙이는 과정이 곧 문명이다. 그리하여 산업혁명이 본격화한 이후 불과 200년 만에 이산화탄소 농도는 4억 년의 균형을 깨고 400ppm을 돌파했고, 그 속도는 점점 더 빨라지고 있다.

『육식의 종말』 등으로 잘 알려진 문명학자 제레미 리프킨은 '엔트로피'라는 물리학의 개념을 바탕으로 지금의 위기는 근대 문명의 산물이며 그 문명의 주체들이 결국은 그 문명의 파괴자가 될 것으로 진단한다.

리프킨에 따르면 오늘날 현대인들은 일주일에 40시간 정도 일하고 1년에 2-3주 정도 가지는 휴가를 자랑스럽게 생각한다. 그러나 현재 지구상에 남아 있는 대개의 수렵채취인들은 일주일에 12-20시간 정도 일하며, 일 년에 몇 주 또는 몇 달 간은 전혀 일하지 않는다. 대신에 놀이를 하거나 제례의식을 치르거나 서로 방문을 하며 여가 시간을 즐긴다. 또한 그들은 세계에서 가장 건강한 사람들에 속한다. 예컨대 아프리카의 부시맨은 현대의학의 도움을 받지 않고도 60세가 넘도록 산다.

그렇다면 도대체 진보란 무엇인가? 근대적 의미에서 진보란 기계론적 세계관에 의한 생산과 소비의 증대를 가리킨다. 가령 계몽주의자 존 로크에 따르면 정부의 목적은 사람들이 새로이 얻은 힘을 자연에 적용하여 부를 창출할 자유를 제공하는 데 있다. 자연을 거부하고 자연의 멍에로부터 해방되는 것이 행복의 길이라는 말이다.

이렇게 철두철미 생산 지향적이고 유물론적인 관점이었

기에 로크에게는 자연에 순응하여 살아가는 미국 인디언의 삶이 우습기만 했다. "광대하고 풍요로운 영토에 사는 왕의 먹고, 입고, 사는 모습은 영국 노동자만도 못하다." 『엔트로피』에서 재인용

인간 이성의 해방을 이끌었던 철학자가 자연 앞에서는 이처럼 주인과 노예의 이분법에 갇혀 있었다. 서구 계몽주의 정신이 시민권의 확립이라는 점에서 역사적 소명을 다한 것은 사실이었다. 하지만 그 계몽의 주체였던 시민의 이성이 승리에 자만하여 자기극복을 못하고 도구적 이성으로 타락하고 말았던 것이 서구 근대문명의 비극이었다. 근대 과학의 아버지라고 불리는 프란시스 베이컨의 말은 좀 더 심하다. "방황하고 있는 자연을 사냥개를 풀어서 잡아 봉사하게 만들고, 노예로 삼아야 한다." 『엔트로피』에서 재인용

오늘날 화석연료를 주종으로 하는 에너지 환경이 총체적인 빈사상태에 이르게 된 것도 그러한 기계론적 세계관 때문이었다. 그렇다면 기계론적 세계관의 결정적인 오류는 무엇인가? 문명비평가인 저자는 뉴턴 이래 서양의 산업문명이 열역학 제 2법칙, 즉 '엔트로피 법칙'을 도외시한 때문이라고 진단한다. 엔트로피 법칙이란 물질과 에너지가 한 방향으로만, 즉 유용한 상태에서 무용한 상태로, 획득 가능한 상태에서 획득 불가능한 상태로, 질서 상태에서 무질서 상태로만 변하는 것을 말한다. 쉬운 예로 오염이나 공해는 엔트로피의 또 다른

이름이다. 석탄과 석유라는 에너지 창고를 걸신들린 것처럼 파먹는 동안 인류가 돌이키기 어려운 공해를 초래한 것도 이러한 엔트로피 법칙의 당연한 결과였다.

다시 말해 엔트로피란 어떤 시스템 내에 존재하는 무용한 에너지의 총량이다. 그러므로 엔트로피의 총량은 점점 더 늘어날 수밖에 없고 결국에는 열죽음의 상태에 도달하게 되는 것을 피할 수 없다. 그런데도 인간들은 그 과정을 더욱 가속화시키는 어리석음을 범해 왔던 것이다. 제한된 에너지를 두고 그 안에서 치고받고 싸우는 인류라는 열차의 운명은 결국 궤도에서 정지하거나 이탈하는 것이다. 영화 〈설국열차〉는 그런 관점에서 보면 그 윤곽이 선명히 보인다.

근대 산업문명의 이러한 파괴적 결과를 내다본 선구자들도 물론 있었다. 세계문학의 대작 『파우스트』는 근대 이후 본격적으로 궤도에 오른 성장 제일주의와 맹목적 개발의 위험성을 생생하게 증언하는 작품이다. 예컨대 자신의 오랜 보금자리를 지키려던 노부부가 거침없는 개발주의자인 파우스트와 그 하수인인 철거 대행업자 메피스토펠레스의 폭력에 의해 불태워져 죽는다. 우리의 용산참사와도 다르지 않다. 눈먼 파우스트는 제방 공사장의 삽질 소리를 듣고 있지만, 알고 보니 그것은 파우스트를 파묻을 무덤을 파는 악령들의 삽질 소리였다. 저돌적인 건설의 현장에서 문명의 무덤을 보는 괴테의 혜안은 대단히 현대적이다.

18세기, 본격적인 기술 문명의 도래 앞에서 그 위험성을 예감했던 괴테가 뉴턴 역학에 그처럼 격렬하게 저항했던 것은, 도구적 이성이 초래할 파멸적 결과를 본능적으로 파악하고 있었기 때문일 것이다. 뉴턴 역학에 따른 세계관에서는 모든 사물이 그 내밀한 연관을 상실하고 고립된다고 보았던 것이다. 자연에 대한 괴테의 견해는 이러한 생태적 인식을 끊임없이 반복한다. 그 예를 열거해 보자. "하나는 언제나 전체를 위해서 존재하며, 전체도 하나를 위해서 존재한다. 왜냐하면 그 하나가 바로 전체이기 때문이다." **1807년 3월 19일, 리머에게 보낸 편지** "주의 깊은 자에게 자연은 그 어디서도 죽어있거나 침묵하고 있지 않다. 그 가장 작은 부분에서도 전체에서 일어나고 있는 것이 반복된다." **『색채론』 서문** "그렇다네, 자연의 위대함은 너무도 단순하다는 데에, 그리고 아주 거대한 현상들을 작은 것 속에서도 언제나 반복한다는 데에 있는 걸세." **1826년 12월 20일 에커만에게** "장차 기계적이고 원자적인 사고방식은 훌륭한 머리를 가진 자들로부터 완전히 배척당하고, 모든 현상이 역동적으로 그리고 화학적으로 나타날 것이며, 자연의 신적인 생명은 점점 더 확인될 것이다." **1812년 4월 22일 일기** "자연스런 체계, 이것은 모순적 표현이다. 자연에는 어떠한 체계도 없다. 자연은 생명이며 알려지지 않은 중심으로부터의 결과이다." **『식물론』**

크고 작음의 구분을 넘어서고, 안과 밖이 따로 없고, 인간

중심주의를 거부하며, 부분의 단순 집합이 전체를 이루는 것이 아니라, 부분 속에서 전체가 그대로 반복된다는 생명 원리에 바탕하고 있는 괴테의 이러한 자연 인식은 뉴턴의 광학에 대항하기 위한 색채 연구를 통해 가장 끈질기게 나타난다.

뉴턴 광학에 따르면 색채의 생성은 단색 單色 광선들의 결합 유무와 그 정도에 따라 결정된다. 그러므로 뉴턴에게 있어서 색채란 그 관찰자와는 아무런 관계가 없는 객관적 실체이다. 반면에 괴테는 색채 현상을 밝음과 어둠의 양극적 대립 현상으로 보면서, 인간의 감각과는 무관하게 존재하는 색채 자체의 실체를 인정하기를 거부한다. 수학적인 체계를 갖추지 못한 괴테의 이러한 색채 이론은 당대는 물론 그 이후에도 별다른 주목을 받지 못한다.

그러나 20세기 중반에 들어와 산업사회의 모순이 심화되고, 도구적 사고방식과 무한 성장에 의한 문명의 자기 파괴적인 결과가 초래되면서 괴테의 색채론이 하나의 대안으로서 일부 물리학자들에 의해 새롭게 조명되었다. 하이젠베르크가 괴테의 색채론을 재조명한 유명한 논문 「현대 물리학의 관점에서 본 괴테와 뉴턴의 색채 이론」을 발표한 것은 2차 대전이 한창 진행 중이던 1941년이었다.

괴테가 자신의 이론에 집착했던 이유가 어느 정도 설득력을 얻게 되었던 것이다. 말하자면 괴테는 그의 색채론을 통하여, 데카르트와 갈릴레이 그리고 뉴턴에서 출발한 자연과학의 기계론적, 환원주의적 사고방식이 초래할 위험성을 예고하고 있었다는 것이다. '도구적 합리주의'와 '생태론적 직관주의'라고 잠정적으로 지칭할 수 있는 두 가지 사고방식의 차이가 이제 명백하게 드러난 것이다.

괴테는 자신의 연구 방식이 선험적인 체계화의 방식을 따르지 않고 있음을 밝힌다. 실제로도 그의 색채론은 수없는 실험과 자연관찰, 그리고 수집과 정리에 의해 이루어진다. 직접적인 관찰과 경험에 바탕을 두므로 괴테가 색채 현상의 연구에 있어서 빛과 눈 사이의 연관을 우선시하는 것은 당연한 일이다.

"눈의 존재는 빛으로 해서 생겨난 것이다. 눈은 빛과 만나면서 빛을 위한 기관으로 형성되며, 이로써 내부의 빛과 외부의 빛은 서로 감응하게 된다." **『색채론』의 서론**

물론 빛과 눈 사이에 친근성이 존재하기는 하지만, 그 둘이 완전히 동일한 것은 아니다. 말하자면 눈 속에 일종의 빛이 들어 있어서, 내부 혹은 외부로부터 미세한 자극이 주어지면 색채가 촉발된다는 것이다. 괴테의 이러한 설명에 가장 부합하는 것이 생리색이다.

생리색은 색채를 눈에 속하는 것으로, 그리고 눈의 작용과 반작용에 의해 생겨나는 것으로 보는 경우의 색을 말하는데, 이에 대한 연구가 괴테 색채 이론의 가장 독창적인 부분을 이룬다. 이를테면 선명한 유색의 종이를 적당한 밝기의 흰색 판지 앞으로 갖다 댄다. 그리고 그 조그마한 유색의 표면을 어느 정도 응시한 후 눈을 움직이지 말고 그 조각을 치우면, 바로 그 자리에 다양한 색의 스펙트럼이 생겨난다. 즉, 그 자리에 있던 색이 황색 Gelb 이었다면 청자색 Violett 이 나타나고, 주황색 Orange 이었다면 청색 Blau 이, 자색 Purpur 이었다면 녹색이 나타난다. 『**색채론**』 49 그리고 그 역도 마찬가지로 성립한다. 또 다른 예. 괴테는 겨울에 하르츠 산지를 여행하던 중 저녁 무렵에 브로켄 산을 내려오면서 보았던 장면을 묘사하고 있다. 낮 동안 눈이 황색의 색조를 띠고 있을 때, 그 그림자 부분은 희미한 청자색이었다. 그러다가 일몰이 다가오자 눈이 아름다운 자색으로 물들었을 때, 그림자 부분은 녹색으로 바뀌었다. 『**색채론**』 75 괴테가 유색 음영 farbiger Schaten 이라고 이름 붙인 이러한 현상은 색채란 빛과 눈 사이의 상호작용에서 생겨나는 것이란 그의 이론을 뒷받침하는 대표적인 사례이다.

이처럼 눈은 자기 고유의 총체성을 요구하며, 자체 안에 색채환을 갖추고 있다. 조화로운 대립들에서 생겨난 이러한 총체성의 심미적 효과에 대해 괴테는 "자연은 총체성을 통해 자유로 나아가도록 되어 있다"라는 말로써 의미심장하게 정리한다. 『**색채론**』 813 그런데 색채 현상의 이러한 총체성은, 시각 視覺 을 통해 자신의 모습을 드러내려는 자연의 본질이 그러하기 때문이다. 바로 이 자리에 인간의 감각과 자연의 본질을 매개하는 원현상 原現像 의 개념이 위치한다.

괴테는 직관에 비친 현상으로부터 발견한 이러한 원현상의 배후로 더 파고 들어갈 경우 필연적으로 인간의 감각과 동떨어진 '추상화'의 위험이 시작된다고 본다. 『색채론』 177 현대의 물리학자들이 괴테의 색채 이론의 현재적 의미를 보는 것은 바로 이 점에 있다. 괴테에 의하면, 인간의 감각은 건강한 한에 있어서 대상들 사이의 관계, 특히 인간과 여타 존재 사이의 관계를 참모습 그대로 통찰할 수 있다는 것이다. 『색채론』 182 "자연의 탐구자는 원현상들을 그것들의 영원한 안식과 장려함 속에" 『색채론』 177 그대로 내버려 두어야 한다고 말한다.

괴테는 이러한 원현상 앞에서의 경탄이야말로 인간 인식이 도달할 수 있는 최상의 경지이며, 이성적 탐구에는 명백한 한계가 있음을 거울의 비유를 들어 설명한다. **에커만 『괴테와의 대화』 1829년 2월 18일** 거울 속에서 자신의 얼굴을 들여다보고 만족할 일이지, 그것을 뒤집어 그 뒷면을 살피는 것은 어리석다는 것이다.

물론 괴테 자신도 근대 자연과학의 이러한 기계론적 사고방식과 추상화가 가져올 위험에 대한 인식을 체계적으로 보여주지는 않고 있다. 『빌헬름 마이스터의 편력시대』에서 "점증하는 기계의 존재가 나를 고통스럽게 하고 두렵게 한다. 그것은 마치 뇌우와 같이 천천히, 천천히 구르며 다가온다. 그러나 그것은 자신의 방향을 잡고 있다. 그것은 다가오고야 말 것이며, 우리를 덮칠 것이다." 라는 정도이다. 기술과 과학의 결합에 의한 세계의 지속적인 변형이 멈추지 않을 것이라는 예감을 말하고 있는 것이다.

하이젠베르크는 나날이 더 심화되어 가는 자연과학의 추상화는 뉴턴에 대한 괴테의 유명한 투쟁을 다시 떠올리게 한다면서 괴테 색채 이론의 현대적 의미를 되새긴다. 그 내용을 요약하자면. '근대 자연과학의 커다란 오류 중의 하나는 현실을 객관 세계와 주관 세계로 완전히 나누어버린 데에 있다. 그렇게 함으로써 주관이 개입되지 않은 객관의 세계를 수학적인 방법에 의해 통일적으로 설명하려는 자연과학의 이상을 달성할 수 있다고 믿었고, 인공적인 관찰 수단을 통해 감각의 기능을 고도화함으로써 객관 세계의 궁극까지 밀쳐 들어갈 수 있으리라고 생각했다. 하지만 이러한 생각은 현대 물리학의 관점에서 볼 때 기만적인 희망이었음이 드러났다. 왜냐하면 원자 물리학에 있어서 관찰이 관찰 대상에 미치는 변형은 피할 수 없는 것으로 밝혀졌기 때문이다 …… 그리하여 고도로 정밀한 관찰 기구들을 통해 들여다본 상 像 은 생동하는 자연과는 거리가 먼 것이 되었고, 자연과학은 실험을 통해서만 드러나는 이 세계의 어두운 배후만을 다루게 되었다. 자연과학 지식의 엄청난 확장과 풍부한 기술적 가능성에 의해 세계는 완전히 변형되어버렸기 때문에, 인간의 사고와 삶은 생존이 더 이상 불가능한 공간으로 들어가 버렸다. 그러므로 물리학자가 자신의 기구를 가지고 관찰하는 대상은 더 이상 자연이 아니라고 한 괴테의 말은 옳았다.'

하이젠베르크는 이처럼 자연적인 삶에서 벗어나 추상적 인식의 세계로 들어가는 것을 파우스트가 악마에게 몸을 파는 것에 비유하면서, 근대 이후의 자연과학의 발전에 따르고 있는 과학자들이 악마를 피하는 것은 쉽지 않은 일이라고 말한다.

산업문화의 비극성은 자연과 인간의 유기적 총체성에 대한 직관으로부터 오는 신비한 경험이나 시적인 감수성을 인정하지 않으려 하고, 무엇이든 직접 측량하고 조작하고 분해하려는 욕망에 지배되어 있는 인간들을 양산하는 데 있다.

요컨대 리프킨의 통찰과 괴테의 문학적 상상력은 서구 근대이성의 빛과 암흑, 도구적 이성, 물신주의에 대한 비판적 성찰이면서 또한 지금 현대 사회가 겪고 있는 고통의 뿌리에 대한 진단이기도 하다. 근대의 도구적 이성은 물질에 대한 정신의 지배가 아니라, 무엄하게도 자연에 대한 정신의 지배를 도모함으로써 오늘날 인류가 환경 대재앙의 위기에 직면하게 되었던 것이다.

이성희

1989년 『문예중앙』 시인상을 수상하며 시인으로 등단했다. 부산대학교 철학과에서 장자철학 연구로 박사 학위를 받았다. 부산KBS 고전아카데미에서 10년간 기획위원을 역임하였으며 현재 인문고전마을 시루에서 노장사상과 미술 미학 강의를 하고 있다.

무의 들녘에서 만난 매화

안개 속에 피는 꽃

조선의 화가 김홍도의 황홀한 그림 「주상관매도 舟上觀梅圖」, 그 무의 들녘에서 피는 매화꽃을 보라. 화제 畫題 에는 "노년에 보는 꽃은 안개 속에 보이는 것 같네 老年花似霧中看"라고 적혀 있다. 배를 타고 있는 늙은 선비와 강 언덕 위의 매화나무, 그리고 아득한 안개여백 사이에 무슨 일이 일어나고 있는 것인가?

김춘수 시인은 꽃에 대한 인상적인 두 편의 시를 남겼다. "내가 그의 이름을 불러주었을 때/ 그는 나에게로 와서/ 꽃이 되었다."는 명구의 시 「꽃」은 누구나 즐겨 암송하는 시이다. 그러나 사뭇 분위기가 다른 꽃의 시가 있다. 「꽃을 위한 서시」, "존재의 흔들리는 가지 끝에서/ 너는 이름도 없이 피었다 진다./ 눈시울에 젖어드는 이 無名의 어둠에/ 추억의 한 접시 불을 밝히고/ 나는 한밤내 운다." 이름을 불러주자 내게 와서 피는 꽃이 아니라 "존재의 흔들리는 가지 끝", 저 이름 부를 수 없는 어둠에서 피었다 지는 꽃을 이제 우리는 만나보고자 한다. 그 만남을 통해 동아시아 산수화에 대한 미학적 해명의 단초를 얻고자 하며, 운이 좋다면 그것을 통해 '자연'에 대해, 혹은 자연을 대하는 우리의 태도에 대해 반성해 볼 기회를 얻을지도 모르겠다.

김홍도「주상관매도」

자연의 탄생

동서양을 막론하고 근대 이전 사람들의 삶과 자연은 유동적인 경계 속에서 공존했다. 자연이 엄밀한 이원대립의 대립항이 아니었다는 것이다. 근대 세계 이전의 마을로 들어가 보라. 자연물과 인간세계, 물질과 정신을 가로지르는 도깨비, 요정, 귀신들이 집과 뒷산과 장터의 골목길에서 눈을 마주치거나 어깨를 스치며 지나가고 있다. 동아시아에서 '자연 自然'이란 말은 『노자』에서 처음 나오지만 그것도 지금의 '인간/자연' 대립항의 물리적 자연이 아니다. 노자의 자연은 존재의 자발성에 대한 궁극의 형용에 가깝다. 그래서 '자연'은 존재의 자발성을 최대한 존중하는 행위인 '무위 無爲'와 결합될 때 뜻이 온전해진다.

르네상스 이후 근대 세계가 열리고 근대적 주체가 탄생할 때 비로소 자연도 그 대립항으로서 탄생한다. 데카르트에게 있어서 세계의 중심으로서 주체의 탄생은 베이컨에게 있어서 주체가 정복할 타자로서의 자연의 탄생과 서로 긴밀하게 얽혀있다. 주체를 정립하고 자연을 정복하는 데 무소불위의 힘을 발휘한 '근대적 이성'이란 좀 거칠게 말한다면 분류하는 정신 능력에 가깝다. 인간/자연의 분류에도 물론 그것이 어김없이 작동하였다. 이것과 저것이 분류될 때 이름이 붙여진다.

근대의 역사란 자연과 대립하는 가운데 분류하고 호명함으로써 자연의 영역 속에 인간의 영토를 확장해간 과정이라 할 수 있다. 자연이라는 마녀의 창고를 약탈하고 정복하고자 했던 베이컨의 기획이 실현되어가는 여정이었다. 그리하여 자연은 점차 호명된 분류표 뒤로 숨어버렸다. 이 글은 환경 문제의 전선을 이루고 있는 자연을 다루려는 것이 아니다. 예술 이미지 속에 자연이 어떻게 움직이고 있는지를 발견해 보고자 할 따름이다. 그러나 이미지의 그늘로 일렁이는 자연을 만나는 일이 환경 문제 속의 자연을 어떻게 만나야 할 것인가 하는 문제와 이어져 있을지도 모를 일이다. 그것은 이원대립 너머를 상상하는 일이며, 근대의 시간들이 정성들여 작성해온 분류표를 한번 슬쩍 뒤흔들어 보는 일이 될 것이다.

호명되지 않는 것, 자연

교황 율리우스 2세가 바티칸 궁의 서명실 4개의 벽에 벽화를 맡겼을 때, 풋내기 25세의 청년 화가 라파엘로는 대담한 기획을 하게 된다. 그리스·로마 문명 천년의 위대한 사상가들을 모두 한자리에 초대하는 것이다. 화가는 벽 앞에 서

라파엘로 「아테네학당」

서 한 명 한 명 그들의 이름을 불렀다. 호명된 인물들은 모두 벽화로 들어와 자신의 이름에 걸맞은 포즈를 취했다. 이름을 불러주었을 때 꽃이 되는 것이다. 그리하여 「아테네학당」이란 위대한 프레스코화가 탄생하였다.

「아테네학당」의 등장인물들은 모두 이름을 가지고 있다. 이름표가 모호한 인물들도 구체적인 서사와 상황에 응하는 자신만의 동작을 취하고 있기에 이름을 가진 것이나 다름없다. 「아테네학당」은 이미지로 된 사상사의 분류표이다. 그런데 촘촘한 분류표에 예기치 않게 난 구멍 같은 예외가 있다. 이름도 서사도 역할도 없는 자 말이다. 왼쪽 하단, 책을 펴고 머리에 화관을 쓴 사람이 쾌락주의자 에피쿠로스다. 그런데 그의 어깨너머로 한 소녀의 얼굴이 보이는가? 그녀는 아무런 이름표도 없고, 어떤 상황에도 관여하지 않고, 일체의 소란스러운 서사에서도 벗어난 채 조용히 우리를 보고 있다. 그녀의 정체는 무엇인가?

라파엘로 「아테네학당」 왼쪽 하단 부분

누구도 그녀의 정체를 명확히 알지 못한다. 몇몇 미술사가들에 의하면 소녀는 스핑크스로 추정된다. 스핑크스는 수수께끼를 내는 존재다. 오이디푸스가 수수께끼의 답을 말하자 스핑크스는 절벽으로 떨어져 죽는다. 스핑크스는 오이디푸스가 수수께끼를 언어의 질서 분류 질서 속으로 편입시키는 순간 배경으로 사라지는 혼돈이다. 그녀는 언어 밖에 있다. 편의상 '스핑크스'라고 호명하지만 실상 아무도 그녀의 이름을 모른다. 오이디푸스 신화를 날카로운 메스로 해부하는 프로이트의 시선 서구 근대의 시선 이 지나쳐버린 곳에 스핑크스가 있다. 프로이트와는 달리 칼 구스타프 융은 스핑크스에 주목했는데, 그에 따르면 스핑크스는 무서운 어머니 삼키는 질 라고 부를 만한 어머니-이마고의 표현이다. 『영웅과 어머니 원형』 모든 것을 낳고 모든 것을 삼키는 어머니는 대지와 자연에 대한 아주 오래된 메타포이다.

오이디푸스의 답에 의해 죽었다는 스핑크스는 죽지 않았다. 왜냐하면 오이디푸스가 수수께끼를 온전히 풀지 못했기 때문이다. 스핑크스가 내는 문제보다도 스핑크스 자신이 진짜 수수께끼이다. 그리하여 스핑크스는 보이지 않는 곳에서 오이디푸스의 근친상간 신화 전체를 물들이며 지배한다. 자연은 호명의 질서 속에서 배경으로 사라지지만, 그러나 모든 인위적 질서의 배후에 여전히 살아 있다. 「아테네학당」의 온갖 거창한 이름과 질서와 서사의 틈 사이에서 우리를 응시하는 스핑크스 같은 소녀처럼, 자연은 이름이 만드는 질서의 틈과 균열을 떠돌며 우리를 응시하고 있다. 위진시대의 천재 소년 왕필은 『노자』 25장 주에서 말한다. "자연이란 호명할 수 없는 말이고, 궁극의 표현이다自然者, 無稱之言, 窮極之辭也." "호명될 수 있는 것은 참된 이름이 아니다名可名非常名" 『노자』 1장 라고 하지만 굳이 근사치의 이름을 붙이자면, 자연은 수수께끼의 스핑크스, 원형, '접힌 질서' 양자물리학자 데이비드 봄의 개념 , 모든 언어와 이름을 역설에 빠지게 만드는 '무 無', 그리고 『장자』에서 우리가 살해한 '혼돈'이다.

라파엘로는 왜 그 소녀를 그렸을까? 사람들이 가진 분류표에 구멍을 내며 수수께끼를 슬쩍 우리에게 던지고 싶은 충동에 문득 사로잡혔던 것일까? 알 수 없다. 하지만 모든 이미지가 작가의 기획과 의도에 의해 철저히 제어되어 창작된다고 생각한다면 오산이다. 작가의 의도를 넘어서는 힘들이 있다. 호명되지 않는 자연이 작가의 기획에 균열을 내고, 의도를 거스르는 '그늘'이 되어 일렁거린다. 여러 층의 무의식과 접힌 채 보이지 않는 질서, 혹은 혼돈이 이미지의 형성에 끊임없이 관여한다. 라파엘로의 충동에 보이지 않게 관여하는 힘들이다. 실제로 위대한 작가는 자신의 의도를 넘어서는 힘을 껴안는다. 그리하여 작품에 그늘이 일렁거리게 된다. 그늘이 깊어지면 무의 들녘에 이르게 된다. 호명되지 않는 자연이 이미지의 세계에 가장 극적인 양상으로 드러난 것이 동아시아 산수화의 여백이다. 형상도 이름도 서사도 없고 작가의 붓도 닿지 않지만, 알 수 없는 힘으로 가득 찬 무,「주상관매도」 속을 흐르는 안개이다.

경계를 떠도는 無

동아시아 옛 회화에서 끊임없이 반복 변주되는 다수의 테마가 있다. 매화꽃을 찾는다는「심매도尋梅圖」는 그 중 하나이다. 동아시아의 옛 시인 묵객들은 눈 속에 봄을 알리는 매화의 개화에서 '천지의 마음'天地之心을 읽었다. 눈 속에 핀 매화를 찾는 것은 호사 취미가 아니라 치열한 정신의 구도 과정이다. 천지의 마음은『주역周易』의 복괘復卦, ䷗에 잘 나타나 있다. 복괘는 다섯 개의 음효-- 밑에 한 개의 양효-가 막 올라오고 있는 형상이다. 절기로는 동지冬至, 음기로 가

오위「답설심매도踏雪尋梅圖」

득 찬 겨울의 극한에서 한 줄기 생명의 양기가 막 움트는 것이다 一陽來復. 여기에 천지의 마음이 있다. 그 마음은 생생지덕 生生之德, 낳고 낳는 생명의 힘이다. 천지의 마음이야말로 자연의 진면목이라고 옛 동아시아인들은 믿었다.

낳고 낳은 생성의 동적 힘으로서의 자연은 어디에 사는가? 자연은 경계에 산다. 음과 양, 이것과 저것, 나와 타자, 분류표의 경계, 그 틈에 산다. 그 경계에서 감응이 일어난다. 감응이 일어나야 생성이 일어난다. 감응하기 위해서는 존재의 경계로 나아가야 한다. 눈 속의 매화를 찾기 위해 떠나야 한다. 그곳에 타자가 있다. 『열하일기』의 「도강록」에서 연암 박지원은 이렇게 말하고 있다. “이 강은 나와 타자가 만나는 경계로서, 언덕이 아니면 곧 물이지. 무릇 천하의 백성의 도리와 만물의 이치는 물이 언덕에 ‘제 際’한 것과 같다. 도 道 는 다른 데서 구할 게 아니라, 곧 이 ‘제’에 있다.” 연암이 말하는 ‘제’는 가장자리이면서 경계이다. 이 가장자리는 감응이 일어나는 곳이고 생성의 촉수가 예민해지는 자리이다.

이 경계에 무가 떠돌고 있다. 생생지덕의 자연은 명사가 아니라 동사다. ‘천지의 마음’에서 ‘천지’가 명사적 자연이라면 ‘마음’은 생성하는 힘으로써 동사적 자연을 함의한다. 삶과 예술 활동 모두 이 자연이라는 동사 위에서 형성된다. 이 자연이 작동하는 패턴이 ‘무위 無爲’이다. 인위와 무위는 어떻게 다른가? 나와 타자의 사이, 그 경계를 떠도는 무를 없애려는 경향의 활동이 인위이며, 반면 무를 받아들이고 그 무를 확장하려는 경향의 활동이 무위다. 인위는 타자에게 내 의지를 관철하려는 지배의 행동방식이다. 지배는 경계 지대의 불확실성, 무가 작으면 작을수록 잘 작동된다. 여기에서 일어나는 것은 감응이 아니라 복속과 동화이다. 반면 무위는 타자를 나의 소유욕으로부터 풀어놓는 자유의 행동방식이다. 경계의 무가 확장되면 될수록 자유도 확장된다. 지도자가 무위하면 백성이 자발적으로 감화된다는 『노자』 57장 노자의 정치 양식, '자유로운 권력' 한병철 의 양식이다. 감응은 무의 들녘에서 비로소 일어난다. 장자 사상의 기본 전략은 경계 지대의 무를 활성화하고 확장하여 점차 분류의 경계선이 희미해지도록 하는 것이다. 자연을 최대화하는 셈이다. 그것은 지배를 위한 폭력이 일상화된 시대에 직면한 장자의 철학적 비명이지만 동시에 새로운 심미적 세계의 문을 여는 선언이기도 하였다. 장자 사상의 진정한 계승자는 산수화이다.

탁월한 작가도 그러하다. 이미지가 무를 품게 하고, 이미지와 이미지 사이에 광활한 무의 들녘을 열어놓는다. 무는 텅 빈 것이 아니라 생성의 무궁한 잠재력이다. "완성과 파괴가 있는 까닭은 소씨 昭氏 연주의 명인 가 거문고를 뜯었기 때문이고, 완성과 파괴가 없는 것은 소씨가 거문고를 뜯지 않았기 때문이다." 『장자』「제물론」 연주된 선율이 이미지라면, 연주되지 않은 침묵이 무이다. 이 무가 이미지를 움직이게 하고, 의도치 않은 새로운 이미지를 불러오고, 기어코 이미지를 넘어선, 이름과 분류 너머의 세계로 우리를 이끈다. 이 무에 대한 심미적 감수성이 없다면 우리는 자연을, 그리고 「주상관매도」를 제대로 체험할 수 없다.

배 위에서 매화를 보다

「주상관매도」의 공간은 단순하면서도 대담하다. 배를 타고 강 이쪽 언덕을 막 빠져나오는 늙은 선비와 언덕 위의 매화나무, 그리고 온통 무다. 화가는 이 여백의 무를 극대화하기 위해 화제畵題조차도 이 공간을 피해 언덕 한쪽에 쓴다. 배 위의 늙은 선비와 언덕의 매화 사이 무가 여는 공간은 도대체 몇 만 리인가? 화면에 나타난 형상들은 마치 안갯속에서 잠시 아슬아슬하게 드러났다가 이윽고 사라져 버릴 것만 같다. 흘러가는 배도, 흐르는 강도, 노년의 흐르는 세월도 한 찰나에 있다. 모든 형상들이 조금씩 기울어져 있지 않은가. 이 기울기가 고요한 풍경 속에 미묘한 흐름의 속도를 부여한다. 흐르는 것들이 한순간, 찰나에 만나고 있다. 여백은 이 찰나에 무한을 연다. 그 아득한 무한이 찰나 속에 있는 우리를, 우리의 흐름을 껴안는다. 형상과 무가 서로를 껴안으며 서로를 생성한다. 그 여백의 깊이는 배를 타고 흘러가는 늙은 선비, 아니 김홍도가 겪었을 숱한 영욕의 구비들과 삶의 상처들이 고요히 삭여진 그늘의 깊이이며, 장자와 동아시아 예술정신의 아득한 심도이며, 분류표를 해체시키는 접힌 질서의 열림이다. 그리고 그 위로 솟는 빛, 황홀한 깨달음 같이 매화꽃이 핀다. 그 꽃은 이름을 불러주었을 때 나에게로 와서 피는 꽃이면서 동시에 존재의 흔들리는 가지 끝에 이름도 없이 피었다 지는 꽃이다.

황명호

중국 흑룡강성 목단강시 출생으로 북경대학에서 경영학 학사학위, 서울대학교에서 경영학 박사학위를 받았다. 현재 부경대학교 기술경영전문대학원 외국인 초빙교수로 재직 중이며 역서로는『조직 및 경영학 연구의 실증방법』이 있고 저서로는『The Art of Life: How to Live a Happy and Meaningful Life』가 있다.

자연과 '스스로움'

'자연', 하면 가장 먼저 떠오르는 이미지들이 있다. 인간의 영향이 미치지 않은 깊은 산속의 수림, 바다로 흘러가는 하천, 그리고 그 속에서 살아 숨 쉬고 있는 동물과 식물들이다.

이처럼 우리가 알고 있는 가장 익숙한 자연에 대한 정의는 표준 국어 대사전에 나오는 두 번째 정의, 즉 '사람의 힘이 더해지지 아니하고 저절로 생겨난 산, 강, 바다, 식물, 동물 따위의 존재 또는 그것들을 이루는 지리적·지질적 환경'이다.

만약 자연에 대한 인식이 이것이 전부라면 우리는 '자연'이라는 이 코끼리를 만진 장님들에 불과하다. 머릿속에 깊이 각인된 '자연'에 대한 제한된 인지는 '자연'이 가진 본연의 법칙, 섭리 및 본질을 있는 그대로 보지 못하게 함으로써 결국 인간은 '자연'과의 관계를 제대로 형성할 수 없게 된다.

자연과의 관계 파괴로 인해 인간의 생존마저도 근본적으로 위협받고 있는 이 시점에 '자연이란 무엇인가?'라는 본질적 질문에서 시작하고자 한다. 너무 익숙한 나머지 자연의 본성에 대한 질문조차 자주 하지 않았던 우리에게 다소 생소하긴 하지만 그래도 한 번쯤은 꼭 다시 생각해 봐야 하는 질문이다.

근본적인 질문에 대한 답을 찾다 보니 부득이 동양과 서양에서 가장 오래된 기록들에 의지할 수밖에 없었다. 즉 노자의 도덕경에서 나오는 '도법자연 道法自然'에서의 '자연 自然'과 성경에서 나오는 "스스로 있는 자"의 '연자 然自, I AM Who I AM'를 통해 왜 자연을 정확하게 이해해야 하는지와, 자연의 본질은 무엇이고 나아가 인간인 '나'와 자연의 본연 本然적 관계는 어떤 것 혹은 어떤 상태인지를 살펴보고자 한다.

Why:
나는 자연인이다?

〈나는 자연인이다〉라는 TV프로그램이 요즘 인기다. '원시의 삶 속 자연인을 찾아가는 자연 다큐멘터리이자 100% 리얼 휴먼스토리'를 주제로 내세운 프로그램인 만큼 코로나 시대를 사는 우리의 눈길을 사로잡기에 충분하다.

코로나 이전에도 사람들은 자연에 대한 로망을 항상 갖고 살아왔다. 집에 아름다운 화초를 가꾸기도 하고 자연을 더 가까이하기 위해 여행을 떠나거나 깊은 산속의 사찰로 잠깐의 수행을 떠나기도 하며 심지어 프로그램의 주인공들처럼 '나는 자연인이다'라는 선포를 하고 원시 속 자연인의 삶으로 돌아가기도 한다.

공통된 특징은, 자연과 가까이할수록 인간으로서의 '나'는 육체적으로 건강을 되찾고 정신적으로는 힐링을 얻는다는 점이다.

자연이 가진 인간의 육체적 및 정신적 질병에 대한 치유능력 때문일까? 지구가 코로나19나 기후변화로 인한 다양한 자연재해의 고통을 받을 때마다 항상 등장하는 처방전들이 모두 자연과 관련되어 있다. 예를 들어, 인간과 자연의 관계 회복, 인간과 자연의 조화와 공존, 그리고 인간과 자연의 생태적 공생 관계 형성 등이 있다.

너무나 익숙한 이 처방전들은 유엔의 지속 가능 발전 17개 목표, 탄소 중립과 탄소 제로, 그리고 ESG **환경, 사회, 거버넌스** 혁명 등 다양한 구체적인 노력으로 이어졌지만 엘 고어El Gore가 15년 전부터 경고했던 '불편한 진실'은 어느새 우리가 피부로 느낄 수 있을 정도로 '불편한 현실'이 되고 말았다.

지속적인 노력에도 불구하고 우리는 그동안 내려왔던 '자연'과 관련된 처방전들이 뭔가 2% 부족하다는 점을 직감할 수 있었다. 처방전이 잘못되었다는 것은 여러 가지 원인이 있을 수 있겠지만 가장 근본적으로 관계 회복의 대상인 '자연'이 우리가 알고 있던 그 자연이 아니라는 가능성을 배제할 수 없다.

What:

자연의 본질을 찾아서 - 자연과 '스스로움' 사이

그렇다면 과연 우리는 '자연'을 제대로 알고 있는가? 즉, 관계 회복의 대상이자 조화와 공존, 나아가 공생적 관계를 형성해야 할 대상인 '자연'을 정확하게 이해하고 있는가?

근본적으로 '자연'의 본질에 대한 이해를 돕기 위해 우선 노자의『도덕경 道德經』제25장에서 그 실마리를 찾아보고자 한다.

"사람은 땅을 본받고, 땅은 하늘을 본받으며, 하늘은 도를 본받고, 도의 본성은 스스로 그렇게 됨이다 人法地 地法天 天法道 道法自然"

노자가 말하는 인간, 땅, 하늘과 도 사이의 관계를 보면 우리가 지금까지 익숙하게 알고 있던 자연과 '도법자연 道法自然 '에서 말하는 '자연 自然 '사이에 일종의 괴리가 존재한다는 점을 발견하게 된다. 같은 단어이지만 해석에 있어 그 차이가 크다.

전자는 명사로서 일종의 대상이라면 후자는 상태를 나타내는 상황어로서 '스스로 그렇게 됨'을 뜻한다. 스스로 생성하고 성장하고 쇠퇴하고 죽는 것과 같은 생로병사의 일반이 '자연'이고 이는 아리스토텔레스가 『자연학 Physika 』에서 정의한 '자연적으로 존재하게 된 사물에 내재하는 변화와 정지의 원리'이기도 하다. 도법자연에서의 '자연'을 그동안 우리가 알고 있던 자연인 전자의 개념과 구별하기 위하여 부득이 새로운 단어를 하나 만들 수밖에 없는데 지금부터 후자를 일단 '스스로움'으로 부르기로 하자.

노자의 메시지를 한마디로 요약하자면 "인간은 땅과 하늘이라는 자연을 매개로 스스로 그렇게 되는 '스스로움'의 본성을 갖고 있는 '도 道 '를 본받아야 한다"는 뜻이다. 이는 우리가 그동안 노력해왔던 자연과의 관계 회복이 대상도 틀렸을 뿐 아니라 방법도 틀렸다는 것을 잘 보여준다.

우리가 본받아야 할 '스스로움'의 본성을 가진 '도'를 『성경 聖經 』 출애굽기 제3장에서 그 그림자를 찾을 수 있다.

모세가 처음 하나님을 만나는 호렙 산에서 이스라엘 백성이 '그의 이름이 무엇이냐'라고 하면 어떻게 답해야 하냐는 모세의 질문에 하나님은 '나는 스스로 있는 자 I AM Who I AM ' 라고 대답했다.

'도가도 비상도 명가명 비상명 道可道 非常道 名可名 非常名 '이라고 언어로 표현할 수 없는 '도 道 '의 존재 상태에 대해 『도덕경 道德經 』은 '자연 自然 '적 '스스로움'으로 『성경 聖經 』은 '스스로 있는 자' 표현하는데 이보다 더 적절한 설명이 어디 있으랴.

우리가 진정으로 본받아야 할 '자연 自然 '은 우리가 알고 있던 물질적 세계 또는 물질적 우주로서의 자연을 넘어 『도덕경 道德經 』과 『성경 聖經 』에서 공동으로 이야기하는 '스스로 있는 자', 즉 '도 道 '의 존재 상태를 나타내는 '스스로움'으로 한걸음 더 나아가야 한다.

그동안 사람들은 땅과 하늘을 본받음으로써 자연계 속에서 어느 정도 치유를 받는 것처럼 보였으나 이는 단지 표면적인 증상만 해결한 것이며, 근본적인 문제는 해결하지 못했다. 근본적인 문제의 해결 방법은 자연뿐만 아니라 인간인 '나'가 일상적 삶 속에서 '도 道 '의 '스스로움'의 존재 상태를 본받는 것이야말로 궁극적인 해결 방법이 될 수 있다.

그렇다고 하여 자연계로서의 자연의 역할을 완전히 부정하는 것이 아니다. 땅과 하늘은 '도道'의 '스스로움'의 존재 상태를 가장 잘 본받고 있기 때문에 인간은 땅과 하늘이라는 자연계 속의 '나'일 때 자연스러움을 가장 잘 드러낸다.

아쉽게도 자연과 너무 멀리 떨어져 살아서 그런지 사회인으로서 '나'는 무척 부자연스러워졌고 힘이 많이 들어갔다. 그때마다 들려왔던 따뜻한 권면의 목소리가 '자연스럽게~'였다. 운동을 하든, 악기를 배우든, 글을 쓰든 무슨 일을 하든 간에 힘을 빼고 자연의 순리대로 인위적이지 않고 강요하지 않는 진정한 '자연'의 '스스로움'의 존재 상태를 본받아야 한다고 생각하니 그동안 '나'와 '도' 사이의 잃어버렸던 그 연결고리를 되찾았다는 느낌이 들었다.

How:
'도道'와 '나' 사이의 '스스로움'을 찾아서

'스스로움'의 존재 상태를 갖고 있는 '도道'는 언어나 말로서 완전하게 표현할 수 있는 대상이 아니다. 다행스러운 것은 '도 道 '의 '스스로움'의 '자연 自然 ' 상태를 이미 하늘과 땅이 본받았듯이 인간인 '나'도 '도 道 '와 '자연 自然 '이 갖고 있는 생명의 DNA를 타고났다는 점은 '나' 안에 잃어버렸던 그 DNA를 다시 찾을 수 있다는 능력과 가능성이 있음을 보여준다.

앞서 이야기했듯이 '도 道 '와 '나'는 스스로 생성하고 발전하며 쇠퇴하고 사망하는 생노병사의 생명주기적 패턴이라는 자신 안에 존재하고 운동 및 변화하는 '스스로움'의 원리를 공유하고 있다.

'스스로움'의 존재 상태는 노자가 그리고 있는 '소극적'인 이상 사회인 '소국과민 小國寡民 '은 '무위자연 無爲自然 '을 통해 '도 道 '에 순응하면서 해가 뜨고 달이 지는 춘하추동 절기와 자연의 생명주기적 리듬에 따라 일을 하고 휴식을 하면서 생활하는 모습이다.

하지만 인류 문명의 발전과 더불어, 어느 순간부터 사람들은 인간이 스스로 만든 그 문명 속으로 너무 깊숙이 들어간 나머지 '자연' 본연의 생명주기적 리듬을 잃고 말았다. '스스로움' 대신 인간의 욕망을 대변하듯 멈출 줄 모르는 기계의 소리와 기계의 움직이는 속도에 맞추어 일하기 시작했으며, 해와 달이 알려 주는 자연의 신호가 아니라 환하게 빛나는 네온등에 의해 휴식까지 잃어버린 삶이 일상이 되었다.

특히 만물을 연결하며 모든 것을 데이터로 전환하고 계산하고 전송하는 속도를 극적으로 향상시킨 신기술 혁명은 '나'를 인공물 Artefact 과 메타버스 Metaverse 와 같은 가상의 세상 속에 파묻히게 했다.

'스스로움'의 DNA와 리듬을 잃어버린 '나'는 엎친 데 덮친 격으로 코로나 사태로 인하여 사회적으로까지 격리되어 자신의 '방'안에까지 물리적으로 갇히게 되었다.

다행스러운 것은, 노자가 「도덕경 道德經 」 제40장에서 도에 대해 또 하나의 말을 했다. 즉, "반대로 돌아가는 것이 도의 움직임 反者道之動 "이다.

비록 인간은 본연의 '스스로움'의 존재 상태를 잃어버렸을지 모르지만 '도'의 '스스로움'의 법칙과 섭리는 그 어떤 상황과 맥락에서도 계속 작동하고 있다.

코로나 19로 인하여 사회적으로 격리된 상태에서 잠시나마 인간은 부득이 과도한 욕망을 내려놓고 꼭 필요한 이

동과 소비를 하면서 지내는 경험을 하게 되었다. 그 결과 중국·미국·독일 등 국제공동연구팀의 연구에 의하면 일일 평균 이산화탄소 배출량의 최대 감소는 세계적 봉쇄가 시작된 2020년 4월 -16.9% 에 발생했고 이후 경제활동의 회복과 봉쇄정책의 완화와 함께 그 배출량의 감소폭이 다시 줄어들고 있는 것으로 나타났다.

이는 인간에게 일종의 경고이자 암시를 주고 있다. 한편으로 만약 인간이 자신의 '과욕'을 내려놓지 못하면 생존 자체를 위협받을 수 있다는 점과 다른 한편으로는 요즘 각광받고 있는 ESG와 같이 환경 문제든, 사회적 문제든, 거버넌스 문제든 간에 결국 인간인 '도 道 '와 '나'사이에서 '스스로움'의 존재 및 존재 상태로 연결될 때에 비로소 근본적인 문제 해결이 가능하다는 점을 동시에 보여주었다.

그래서 '나'는 자연과의 관계 회복이 아니라 우선 '도 道 '의 '스스로움'을 회복하는 것이 급선무인데 사실 '나'는 그 어떤 '방'에 갇혀 있더라도 도의 '스스로움'을 본받을 수 있다. 꼭 자연계로 돌아가 소극적인 방식으로만 본 받을 수 있는 것이 아니라 내가 있는 '지금, 여기'에서도 언제든지 '스스로움'의 일상을 살 수 있다는 가능성을 우리는 코로나 위기를 통해 깨달을 수 있었다.

'도 道 '를 본받는 '스스로움'의 일상은 간단하다. 자연이라는 존재 자체는 이미 스스로 생성하고 발전하며 쇠퇴하고 사망하는 '스스로움'의 패턴을 춘하추동 사계절의 교체를 통해 무한 반복해왔다. 인간이라는 존재 자체도 '생로병사'라는 생명주기적 '스스로움'의 패턴으로 살아왔다. 이제는 그 패턴을 일상생활의 모든 영역에서 '나'와 관계를 맺고 있는 '나'를 포함한 만물의 존재 및 '스스로움'의 존재 상태를 발견하고 행동하며 습관화하고 전환하는 패턴을 '지금, 여기'에서 실천하면서 스스로 그렇게 이뤄지도록 해야 할 때이다.

'나'의 '스스로움'을 회복하는 것은 인간과 땅, 하늘, 그리고 도를 하나로 연결하는 과정이기도 하다. '도 道 '의 '스스로움'의 존재 방식과 '나'라는 인간의 '스스로움'의 존재 방식이 하나로 연결될 때 인간은 땅과 하늘, 즉 우리가 그토록 이루고자 했던 자연과의 관계도 회복할 수 있다.

'나는 자연인이다'라고 선포하고 산속에서만 살 것이 아니라 언제 어디서나 '나는 스스로움이다'라는 '도 道 '의 존재 상태를 본받으면서 사는 것이 새로운 이 시대를 살아가는 '나'의 바른 태도이자 자세이다.

류영진

부산대학교 사회학과와 동 대학원에서 석사를 마치고 일본 후쿠오카대학에서 경제학 박사학위를 받았다. 일본 기타큐슈시립대학 지역전략연구소의 특임준교수를 거쳐, 현재는 규슈산업대학 경제학부에 재직하고 있다. 주 전공분야는 문화경제학으로 일상부터 예술에 이르기까지 다양한 문화적인 요소들이 경제에 어떻게 영향을 미치는가에 지속적인 관심을 가지고 연구 활동을 이어오고 있다.

일본인들의 자연과의 거리두기에 대하여

일본인들에게 일본이라는 나라의 특징을 물어보면 열에 아홉 여덟은 "자연이 풍요롭다" "자연이 아름답다" "사계절이 형형색색 뚜렷하다" 등을 꼭 하나로 꼽는다. 일본은 정말 자연이 그토록 풍요롭고 아름다울까? 확실히 일본의 자연은 혀를 내두를 정도로 압도적인 풍광이 셀 수 없을 정도로 많다. 일본 전통 회화에 반드시 등장하는 후지산은 말할 것도 없고, 미야자키현의 타카치호 협곡, 야마구치현의 아키요시다이, 구마모토현의 다이칸보. 직접 찾아가 보았을 때 그저 넋을 놓고 한참을 보게 될 진경들이 지역마다 즐비하다. 그런데 한편으로 생각해 보면 분명 이러한 웅장한 자연이 일본 곳곳에 있지만 꼭 일본에만 있는 것도 아니다. 중국과 호주, 미국의 서부 지역, 유럽의 스위스나 이탈리아 지역, 지중해의 자연들을 우리는 잘 알고 있다.

필자가 이 지점에서 이야기하고 싶은 것은 바로 일본인

들이 자연을 받아들이고 인식하는 방식이다. 일본인들이 자연이라는 것을 언급할 때 과연 그때의 자연은 무엇을 말하는 것일까? 자연에 대하여 어떤 의미 부여를 하고 있을까?

일본의 자연관 그 자체는 이미 국내에서도 많은 논자들에 의하여 여러 차례 논의되었고 또한 다양한 언설들이 존재한다. 이 글에서는 일본이라는 나라를 담당하는 필자로서 큰 틀에서 일본인들이 자연에 대해서 느끼는 감정을 일상적인 관점에서 묘사해 보고 모두가 상상해 볼 수 있도록 해보고자 한다. 또한 그에 비추어 우리들이 바라보는 자연에 대하여 생각해 볼 수 있도록 가볍게 글을 전개해나가고자 한다.

일본인들의 '자연'에 대한 민감함

일본의 뉴스를 보고 있으면 꼭 한 달에 한두 번꼴로 동물에 관련된 소식을 접하게 된다. 단순히 동물원에서 판다가 새끼를 낳았다 따위가 아니다. 도심으로 내려온 원숭이, 농업용 수조에 빠진 아기 멧돼지 구출 작전, 어느 지역에서 자주 보기 힘들다는 두루미가 유유히 날고 도로 위를 걷는 모습. 일본의 뉴스 리포터가 이 현장에서 마치 잠복 취재 마냥 열정적으로 길게는 몇 시간을 방송하는 모습을 보고 있으면, 그 열정도 열정이지만 이것이 이렇게 일본에 있어서는 비중이 있는 주제구나라는 것을 새삼 느끼게 된다.

일본은 편지나 엽서를 쓸 때 지켜야 하는 집필 방식이 있다. 바로 자연과 계절에 대한 언급부터 써 내려가는 것이다. 매월 상순, 중순, 하순으로 나뉘어 정리된, 예를 들어 '맑고 차가운 공기에, 바람에 날리는 눈이 반짝이는 이 시기' 등 정해진 문구들을 사용하여 편지를 시작하는 것이 통례이다. 이를 지키지 않으면 그 편지는 멋이 없는 정도가 아닌 예의상 좀 부족한 편지가 되어 버린다. 인터넷에 찾아보면 이런 문구들이 체계적으로 정리되어 있다.

문구도 문구지만 각 절기에 맞춰서 보내는 각종 인사 연락들은 일본에서는 하나의 산업군이라고 봐도 좋을 정도이다. 문화상 거의 의무에 가깝다. 일례로 일본의 잔쇼미마이 残暑見舞い 라는 인사 연락이 있다. 절기상 입추에 들어간 후부터 8월 말 사이 아직 더위가 약간 남아 있는 시기에 타인의 안부를 묻는 인사 편지로 이 시기에 과자나 과일 등의 선물을 함께 보낸다. 이 외에도 중원, 서중 등 매 절기 인사가 오갈 때에 엄청난 양의 물류산업이 함께 움직인다.

일본의 대표적인 애니메이션 스튜디오인 지브리가 만든 유명 작품들은 자연과 환경으로 대표되는 에코이즘의 대명사라고 할 수 있다. 〈바람 계곡의 나우시카〉 〈원령공주〉 〈센과 치히로의 행방불명〉 등의 작품에서 자연이라는 키워드는 작품의 세계관을 이루고 있다고 보아도 과언이 아니다. 이런 몇몇 예들만 보더라도 일본인들은 자연이라는 주제에 민감하며 또 그것을 밀접하게 느끼고 있다는 것을 쉽게 생각해 볼 수 있다.

하지만 일본의 자연에 대한 민감성은 단순히 일상적 측면에만 있는 것은 아니다. 아니. 평화로운 일상이 아니라고 하는 것이 더 적절한 표현이다. 일본은 사면이 바다로 둘러싸인 섬으로 구성된 나라다. 그러면서 상당히 높은 빈도로, 그리고 높은 강도로 자연재해를 경험하는 나라다. 2011년 동북대지진으로 1만 6000명이 사망하고 2500명 이상이 행방불명되었다. 2016년에는 구마모토에서 대규모 지진이 발생했고, 이듬해에는 서일본 대호우로 홍수 피해가 발생했다. 본 원고를 작성하는 중에도 일본에서는 가고시마의 사쿠라지마 화산이 분화했고, 두 차례의 태풍이 통과했다. 규슈 북부에는 대규모 폭우 피해가 발생했고, 니가타, 가고시마에서 진도 5에 달하는 지진이 발생했다. 바로 얼마 지나지 않은 2021년 10월 7일에는 도쿄 도심부를 뒤흔드는 진도5 수준의 지진이 발생했다.

실제로 일본은 자연재해와 오랜 시간 공존해 왔다. 이러한 특성이 일본인들의 세계관은 물론 자연관에 영향을 주었을 것이라는 점은 국내외의 학계는 물론 상식적으로도 인정이 되는 부분이다. 이러한 재해와의 공존의 역사는 일본인들로 하여금 있는 그대로의 자연에 대하여 일정한 거리를 두게 만들었다. 일본인들의 일상 속 곳곳에 빠지지 않고 묻어 있는 자연에 대한 요소들은 경애와 공포가 뒤섞인 것이라 할 수 있을 것이다.

'자연'과는 거리를 두는 '풍경'

일본이 일상 속에서 자연을 의식하고 또 좋아하면서도 일정한 거리를 유지하고자 하는 모습은 일본 특유의 정원 문화를 통해서도 단적으로 잘 드러난다. 일반적으로 한국인들이 일본 여행을 가서 많이 보게 되는 관광 포인트 중 하나가 바로 일본의 '정원'이다. 전통적인 정원뿐만이 아니라 현재도 일본의 단독 주택들은 이러한 일본식 정원을 자그마하게 하나씩 가지고 있는 곳이 많다. 마치 초코파이를 겹쳐 놓은 듯 봉긋봉긋한 관엽수들은 귀여우면서도 정갈하고, 다양한 분재 식물들과 이케바나꽃꽂이 들이 정원의 한편에 가지런히 놓여있다. 바닥에는 고운 자갈이나 모래가 깔려 있다. 이를 갈퀴나 빗자루로 한 결로 쓸어다가 단아한 무늬를 만들어 놓았다. 작은 못에는 물고기들이 노닐고 그 주변에는 꽃나무가 몇 그루 둘러 심겨 있다. 흔히 여행에서 쉽게 만나볼 수 있는 전형적인 일본의 정원이다. 정말 잘 정돈되어 깔끔하며 마음이 차분해지는 공간이다. 그런데 이것은 과연 '자연'일까? 봉긋한 나무들과 키 작은 분재들과 접합된 이케바나는 자연의 일부일까?

물론 고층 빌딩에 온통 콘크리트의 회색과 강철의 빛깔이 그득한 도시 경관들보다는 이러한 작은 자연 공간을 곁에 두고 있는 것은 환경적으로도 정서적으로 긍정적이다. 또한 일본의 정원은 서양의 정원들처럼 기하학적으로 구획화되고 구조적인 미를 드러내는 것이 아닌 말 그대로 자연의 축소판이라고도 할 수 있다. 하지만 여기서 주의 깊게 생각해 볼 점은 자연의 모습을 곁에 두기 위하여 이를 하나의 공간으로 구성하고 자신의 일상에 편입시키는 '과정' 그 자체다. 일본을 이해하는 하나의 현상이 바로 이 과정이라 할 수 있을 것이다. 이 과정 속에서 발췌되고 편집되고 재조합된 자연은 실제의 자연일까? 이것은 '자연'을 '풍경'화 시키는 과정이라 할 수 있다. 자연 그 자체와는 거리를 유지하면서도, 앞마당 정원은 물론, 지역의 공원, 해수욕장, 노천탕 등 다양한 시설을 디자인함에 있어서 '자연'을 강조하고 있다. 그리고 이를 소비하는 사람들도 자신들이 '자연' 속에 있다고 느낀다.

후쿠오카시의 가장 큰 공원인 오호리 공원에는 큰 인공호수의 중앙에 다리를 걸쳐 놓고 작은 섬을 만들어 거기에 나무들을 심어 놓았다. 오호리 공원은 후쿠오카시의 자연친

화적 인프라의 대명사이다. 재미있는 것은 오호리 공원의 한편에 전통적인 일본 정원이 자그마하게 재현되어 있다는 점이다. 마치 오호리 공원의 축소판을 따로 만들어두기라도 한 듯. 공원과 정원은 마치 프랙탈처럼 겹쳐 보인다.

그런데 이런 공간들은 말하자면 잘 정돈된 자연들이다. '자연처럼' 만들었지만 자연스럽지는 않은 인공적인 공간들이다. 여기서 자연스럽지 않다는 것은 어색하다는 의미가 아니다. 자연히 그곳에 있게 된 것이 아니라, 자연이 존재하는 모습을 그곳에다 구성해 놓은 것이다. 우리가 박물관, 동물원, 놀이동산 등을 갔을 때 흔히 말하는 '참 잘해 놓았다'라는 말을 상상해 보라. 그 잘함이 지칭하는 것은 '자연처럼 만든 재현'의 미학에 대해서일 것이다.

일본인들은 그들의 정원에 '자연처럼 **자연다움**'들을 배치하였다. 대자연의 웅대함과 풍성함보다는 모든 것이 있어야 할 곳에 있고 안정되어 있는 자연스러움을 선호한다. 그 요소들을 정리하여 자연에서 뽑아내고 정원에 다시 배치한다. 동적인 자연보다는 정적인 자연의 모습을 선호한다. 일본의 농학자 신지 이소야 進士五十八 는 이러한 일본의 정원을 예로 언급하며, 일본인들의 자연관을 '네이처 nature '와 '어메니티 amenity '의 혼재라고 말했다.

인공人工이 자연을 간호看護하는 것

일본의 원로 철학자인 마사키 하루히코 正木晴彦 는 1996년 발표한 논문「일본인의 자연관과 환경윤리」에서 "자연을 있는 그대로 방치하는 것도 아니고, 그렇다고 인공에 복종시키는 것도 아닌 말하자면 인공이 자연을 간호하는 것"이라고 말한다. 자연 그 자체에 내재하는 자연스러움을 정원이나 공원 등 필요한 무대 위에서, 그 범위 내에서 현현시킬 수 있도록 조합하고 조화시키고 관리하며 지원하는 것이 바로 일본인들의 자연에 대한 자세라는 것이다.

마사키가 '간호'라고 표현한 것은 정말 탁월하다고 할 수 있다. 간호는 그 객체를 일단 대상화하여 보게 됨을 의미한다. 관리해야 하고 조절해야 하며 '정상성' '항상성'이 존재하여 이를 유지하여야 한다. 일본인들의 정원은 바로 자연의 정상성과 항상성을 유지하는 현장이다. 더 정확히 말하자면 유지하고픈 정상성과 항상성의 현장이다. 그렇지만 중심은 관리하는 관리자. 즉 간호하는 사람에게 두는 것이 아니라 관리받는 자연에게 놓인다. 그렇기에 간호이다. 대상은 대상이지만 내가 주인의 입장에서 관리해야 하는 대상이 아닌, 내가 경애하며 다루어야 할 대상이다.

일본인들은 자연에 대하여 더없이 민감하며 동시에 아주 밀접하다고 설명하였다. 우리들이 단순히 인간은 자연의 영향을 받는다고 말하는 것 이상으로 일본인들에게 있어서의 자연은 더욱 생활에 밀착되어 있다. 자연은 일본인들에게 경애와 공포라는 미묘한 양가적 감정의 대상이라고 할 수 있다. 이런 자연을 일본인들은 정복하고 개조하고 개발한다는 발상보다는 **일반적으로 이런 발상을 서양의 자연관이라고 부를 수 있을 것이다** 정상상태를 유지하고 관리한다는 발상에 무게 중심을 두고 있다 할 수 있을 것이다. 무시하기에는 너무 거대하고, 삶에 직결된 존재이지만 결국 일정한 거리를 두고픈, 이상적인 정상상태에서 되도록 움직이지 않기를 바라는 것. 바로 그러한 감정이라 할 것이다.

분명 이런 관점에서 바라보는 자연은 언제나 조심스럽고 신중하게 대하여야 하며 또한 존중하는 마음으로 대하여야 하는 대상이 된다. 하지만 한 가지 우리가 잊지 말아야 할 부분이 있다. 어떤 것을 발췌하였다는 점이다.

어느 정도의 거리에서 바라볼 것인가?

계속 언급하였던 일본 정원의 예로 돌아가 보자. 일본 정원은 자연다움을 발췌하여 구성한 것이다. 가지런히 그리고 정갈히 정돈된 정원은 그야말로 자연에 대한 '간호'를 잘 보여준다. 그렇지만 그 정원은 어디까지나 자연 그 자체는 아니다. 자연과의 거리 두기를 통하여 탄생한 공간이다. 러시아 출신의 프랑스 철학자 알렉상드르 코제브는『헤겔독해 입문』의 1968년도 수정판에서 일본의 이케바나를 보며 '스노비즘형식주의'을 논한 바 있다. 모든 일본인들은 예외 없이 완전히 형식화된 가치에 기초하여, 즉 인간적인 내용을 모두 상실한 가치에 기초하여 살아가고 있다고 설명하며 서구인들의 '일본인화'로의 귀착을 조심스럽게 지적하고 있다. 이케바나를 두고 코제브는 스노비즘의 정점이며 이에 필적할 것은 어디에도 없다고 단언한다.

자연 그 자체의 위험성과 공존하여 오며 체득된 거리 두기는 자연을 발췌하여 가까이 두는 하나의 형태를 만들었다. 일종의 작은 자연을 하나 재현해두고 그것을 지극정성으로 '간호'하며 자연에 대한 소중함과 아름다움, 자연스러운 것의 위대함을 늘 느끼며 지내는 것이다. 하지만 시간이 흘러가면서 발췌된 자연은 그 자체로 하나의 형식이 된다. 자연다움으로서의 이케바나, 분재. 정돈된 나무들과 자갈밭은 그저 그 자체가 중시되고 이어져 간다. 자연 그 자체가 아닌 자연다움의 형식만이 그것도 인간들이 만든 형식만이 오랜 기간 공고히 이어져 가는 것. 어쩌면 일본 사회가 자연에 대하여 느끼는 거리 두기가 괴리로 바뀌게 된다면, 그 변화는 바로 이 지점에서 시작될지 모른다.

앞서 말한 자연재해는 말할 것도 없으며 방사능에 관련

된 문제까지 일본 역시도 환경과 자연에 대해서 안고 있는 문제들이 결코 적지 않다. 그런 와중에 일본에서는 지속가능한 발전목표 SDGs, Sustainable Development Goals 라는 말이 유행처럼 번져나가고 있다. 최근 한국에서도 여러 지자체에서 활용하고자 하는 개념이다. 일본의 지방자치단체마다 상가마다 SDGs의 마크들이 보인다. 슈트의 옷깃에 알록달록한 SDGs의 배지를 단 사람들을 어렵지 않게 찾을 수 있다. 일본의 자연관이 가진 자연에 대한 경애와 존중은 분명 세계적 이슈에 대해서도 큰 역할을 할 수 있을지도 모르겠다. 하지만 요즘 거리를 걸을 때마다 보이는 SDGs 마크들과 현수막들이 잘 꾸며진 이케바나 마냥 보이는 것은 그저 나의 기우일까?

강동진

역사환경 보전에 중심을 둔 도시설계를 배웠고, 현재 경성대학교 도시공학과에 재직 중이다. 근대유산, 산업유산, 세계유산, 지역유산 등을 키워드로 하는 각종 보전방법론과 재생 방안을 연구하고 있다. 지난 20여 년 동안 영도다리, 산복도로, 캠프하야리아, 북항, 동천, 동해남부선폐선부지, 피란수도부산유산 등의 보전운동에 참여하였다. 현재 문화재청 문화재위원, 이코모스 한국위원회 이사 등으로 활동하고 있다.

무위자연無爲自然의 정신으로 살기

자연에 대한 착각과 오해

보통 땅이라 일컫는 토지土地는 식물의 싹十이 돋아나는 흙一을 뜻하는 '土'와 다양하고 많은也 형질을 지닌 땅土인 '地'로 이루어져 있다. 즉, 토지는 '생명을 키우는 여러 모습의 환경'으로 정의된다. 그래서 혹자들은 땅을 어머니에 비유하기도 한다. 모든 생명의 근원이 땅에서 시작하기에 우리는 땅을 생명과 같이 소중히 여겨왔다. 그런데 우리는 언젠가부터 잘 살겠다는 일념으로 강가와 바닷가, 물이 모이는 농경지대, 지형이 발달한 고지대, 연약지반의 습지대 등을 닥치는 대로 손대고 있다. 얄팍한 명분과 근시안의 기술을 빌미로 원생의 자연을 깨는 것을 서슴지 않는다. 당장 눈에 보이는 피해가 없다는 이유로, 나는 피해 당사자가 아니라는 이유로 가장 쉽고 빠른 개발 방식을 택한다.

서양 문명에도 원래 자연을 '공간'으로 보는 시각이 주류였다. 토지를 깎아 평지를 만들수록 땅이 생기고, 식물을 잘라 내면 잘라낼수록 돈이 생기는 만능 공간으로 여겼다. 산업혁명을 거치면서, 과대 사용으로 인한 자연 축소는 인간의 생명 또한 줄어들게 한다는 사실을 깨달으며 자연을 아끼고 지켜야 하는 '자원'으로 보기 시작했다. 하지만 이마저도 도시 개발의 유혹 앞에서는 순간순간 흔들린다. 그동안 우리는 자연을 아무런 표현을 하지 못하고 내주기만 하는 대상으로 여긴 채 무심히 또 무감각하게 살아왔다. 근자에 들어 힘없이 당하기만 하던 자연이 기후변화라는 이름으로 자주 짜증을 내기 시작했다. 그 짜증이 커져 자연재난으로, 국제 문제로 비화되고 있다. 그런데 우리는 여전히 자연은 영원한 정복 대상이며 충분히 정복 가능한 것이라는 오해 속에서 방재라는 이름의 신기술로 문제 해결이 가능할 수 있다고 자신하고 있다. 이 착각의 끝은 언제일까?

『조선의 생태환경사』를 소개한 어느 글의 헤드라인이 매우 인상적이다. "물을 모으겠다고 하천을 막고 주변 땅을 개간하자 전염병들이 극성을 부리기 시작했다." 벼 생산을 위해 흐르던 물을 가두자 장티푸스가 창궐했고, 정주定住를 위해 선택한 가축화는 홍역과 천연두라는 전염병을 낳게 했다는 설명이다. 인위적인 자연 변화는 결국 삶의 양태도 변화시킬 수밖에 없다는 필연론에 고개가 끄덕여진다. 자연을 경제와 공간으로만 이해했던 무지에 대한 자연 속 미생물들의 대반격이었던 셈이다.

눈에 보이지 않는다고, 그 폐해가 당장 나타나지 않는다고 쉽게 행하는 수많은 자연 파괴 행위들에 따른 결과는 결국 고스란히 우리에게 돌아온다. 물론 이 때문에 예방 기술과 방재 능력은 향상되겠지만, 우리가 당장 잃어버릴 것과 미래 후손들이 당할 고난은 점점 더 커져만 간다.

현대 도시에서 개발은 필수적이다. 도시는 흥하면 흥할수록 팽창할 수밖에 없다. 다만 팽창의 지향점과 방식을 어떻게 잡느냐에 따라 양적 팽창과 질적 팽창으로 갈라진다. 불행하게도 지금까지 우리가 취해 온 자세는 전자에 가깝다. 도시는 사람 없이 존재할 수 없다. 도시의 미래 또한 사람 없이는 불가능하다. 미래 도시의 모든 것은 현재를 살고 있는 우리에서 출발한다. 미래 세대의 행복과 불행을 현재의 우리가 좌지우지할 수 있다는 것이다.

그렇다. 이 시대를 잘 살아가기 위해서는 자연에 대한 우리의 오해가 풀려야 한다. 미래를 위해 하지 말아야 할 일은 철저히 참아내는 절제와 파괴된 자연을 제자리에 돌려놓는 회복의 정신, 즉 자연을 정복의 대상으로 여기지 않는 상호공존의 지혜만이 기후변화와 전염병 시대를 이겨내는 유일한 길이다.

도시 속의 오래된 자연

우리나라의 도시들은 일반적으로 병풍처럼 둘러싼 산들 가운데의 분지형 도시이거나 여러 산들로 중첩된 복합적인 모습을 가졌다. 공간 구조적으로 급격한 도시 개발은 도시 속의 산과 도시 녹지들을 해체하고, 끊을 수밖에 없었다. 이로 인한 심각한 후유증을 뒤늦게 깨달은 우리 도시들은 이전한 공장이나 군 시설들 자리를 공원화하거나 그린웨이, 생태 통로, 비오톱 biotope 등의 개념을 수입해 도시 녹지의 양을 늘리려 노력하고 있다. 그런데 최근 복병이 등장했다. 도시계획시설로 지정된 후 20년 동안 미시행된 녹지와 공원들이 자동 해제되는 '일몰제'라는 제도다.

모든 땅에는 공공이든 민간이든 소유권 재산권 이 존재한다. 국가는 지난 1999년, 그런 귀한 땅을 도시계획시설로 전환하는 과정에서 재산권과 관련하여 소외된 국민 권리를 회복시키고자 '일몰제'를 도입했다. 당시 IMF에서 벗어나며, 미래지향적인 새로운 국토관리가 요청되는 시점에서 선택했던 선진적인 제도였다. 그러나 제도 자체가 가진 의미에 비해, 이를 현실에 옮기는 작업은 매우 등한시되었다. 아니 일몰제 자체를 잊고 있었다.

2020년에 일몰제가 시작된 지 올해가 두 해째다. 일몰의 양을 보니 놀라울 정도다. 부산만 해도 공원 54개소 녹지 25개소 유원지 11개소 등 자연 자체가 90개소나 되고, 면적도 무려 57㎢에 이른다. 일몰 적용 후 이곳들이 바로 개발되는 것은 아니지만, 공원 부지에 대한 보상비만도 약 1조 4000억 원에 이른다니 해결의 답 찾기가 매우 어려워 보인다. 토지 소유자들이 지난 시간 동안 받아온 경제적 피해를 생각하면 개발은 마땅하다. 그런데 문제가 있다. 개발이 우선적으로 검토되고 있는 곳들 대부분이 개인 소유의 토지이지만 오랫동안 부산 시민 모두의 공원이나 녹지로 이해되어 온 공유재이며, 해당 토지가 인공지로 바뀌면 주변의 산과 바다에 악영향을 줄 수밖에 없다는 사실이다. 더 큰 문제는 그것이 부산 전체의 도시 문제, 즉 부산이 가장 자랑스럽게 내세우는 해안경관과 힘들게 보호하고 있는 도심 산지들을 파괴할 수 있다는 것이다. 지역마다 다각도의 방안을 마련하고 있지만, 안타까운 것은 모두 근본의 대안이 되지 못한다는 사실이다.

근본의 대응은 '국가 정책 기조의 혁신'에서 출발할 필요가 있다. 일몰제 도입이 논의되던 20여 년 전인 1997~8년 즈음은 기후변화 시대도 아니었고 자연환경 자체의 보호보다는 토지재산권 침해에 대한 관심이 더 컸던 시절이다. 20여 년 동안 우리의 사회적 여건과 정신 가치는 크게 바뀌었다. 그렇다면 시대와 맞지 않는 오래된 법 제도 또한 변해야 한다. 20여 년 전에 결정된 사안을 맹신할 수는 없는 것 아닌가.

일몰제에 대한 논의가 부각된 후 전국의 시민운동가들은 일몰제 문제 해소를 위해 노력했다. 전국 약 275개 사회시민단체들이 참여한 '2020 도시공원 일몰제 대응 전국시민행동'이 구체적인 해결 방안을 모색했다. '부산환경운동연합'과 '부산그린트러스트'가 중심이 되어 다섯 가지의 핵심 방안을 제시하고 이의 입법을 위한 대정부 활동을 선언하기도 했다. "사유재산권의 침해 없는 국·공유지를 공원 일몰제에서 제외하자" "공원 매입을 위한 비용 50%를 국고에서 지원하자" "도시자연공원구역을 확대 지정하자' '토지 소유자의 상속세와 재산세를 감면하자" "공원 일몰제 종합 대책을 수립하고 실효 기간을 3년간 유예하자" 등이다. 이러한 국가의 특단적인 조치들이 없다면 결국 우리 앞에 놓일 결과는 지역의 소중한 자연을 잃는 것뿐이니 어떠한 희생이 따르더라도 일의 방향을 틀어야 한다고 주창했다. 이의 실행을 위해 「국토의 계획 및 이용에 관한 법률」「조세특례 제한법」「지방세 특례제한법」도 부분적으로 개정해야 함을 주장했다.

이와 함께 공원 매입용의 50%를 국고 지원을 위한 한국

토지주택공사 LH공사 의 '토지은행제 적립금'을 공원 매입비에 활용하는 방안도 의원 발의되기도 했다. 토지은행제 적립금은 공공토지의 비축을 목적으로 하는 제도이기에, 국민 여가시설이자 경제유발 시설이며 도시방재시설인 공원에 대한 토지은행제 적립금 사용의 명분은 충분하다고 볼 수 있다. 공원에 대한 투자는 사라지는 돈이 아니다. 이 일에 있어 어찌 중앙과 지방을 구분할 수 있는가. 일몰 공원에 대한 국고 지원은 미래의 국토 기반과 기초에 투자하는 것이다. 이러한 결단은 더 나아가 국민 자원에서의 모금, 즉 국민신탁운동 National Trust Movement 의 기회도 확산시킬 수 있을 것이고 토지소유주들의 마음도 유연케 할 수 있을 것인데, 일몰제의 시행과 함께 그만 논의가 시들해지고 말았다.

그동안 우리는 무엇을 준비했는지, 20년 동안 정치인들과 행정가들은 무엇을 했는지. 나와 상관없는 일이라고, 당장 내 이익에 영향을 주지 않는다고 일몰제가 가져올 파장이나 후유증에 대해 제대로 된 고민 없이 그 긴 시간을 보내버렸다. 국민 재산권 침해를 혁신하고자 선택한 일몰제였지만, 당시 선택자들의 치적(?)에서 단 한치도 나아가지 못한 채 20년이 지나고 말았다. 일몰의 대상이 되는 '장기 미집행 시설'은 도시계획시설로 지정된 후 20년 동안 사업 집행이 되지 못한 시설을 말한다. 도로나 공공시설도 있지만, 불행

히도 일몰의 주 대상은 공원과 녹지다.

부산의 경우에도 전혀 개발되지 못할 것 같던 해안부와 구릉지의 공원들이 일몰의 핵심 대상들이다. 지난 20년 동안 시간만 흐른 것이 아니었다. 해당 토지들의 가격이 치솟았고 주변부 개발용지들도 거의 동이 나버렸다. 결과적으로 일몰제 시행을 전후하여 관의 게으름과 무책임이라는 불편한 진실 속에서, '개인 재산권'과 '환경 향유권'이 전국 곳곳에서 충돌하고 있다.

부산의 일몰 대상 공원녹지의 대부분은 수십 년간 성장하며 다양한 식생이 공존하는 '성숙림 mature woodland'이다. 기후변화 시대에 있어, 탄소 흡입은 물론, 미세먼지와 초미세먼지를 흡입하고 그 농도를 크게 완화할 수 있는 성숙림의 가치는 돈으로 환산이 불가능하다. 이것이 성숙림으로 꽉 차 있는 부산의 일몰 공원녹지들을 절대 포기할 수 없는 핵심 이유다.

컴퓨터 화면을 통해 부산의 하늘을 날아 본다. 금정산 대계에서 도시를 관통하며 바다 쪽으로 길게 뻗어 내린 초록띠가 각종 개발에 의해 조각 난 채 바다로 이어진다. 그 초록 조각들이 바다와 맞닿으며 긴 해안선으로 연결된다. 서에서 동으로 시선을 옮겨본다. 가덕도, 다대포와 몰운대, 암남공원, 태종대, 이기대, 동백섬, 달맞이 언덕과 청사포를 지나 기장의 해안으로 이어진다. 울창한 숲의 바다언덕臺이나 해안구릉지의 모습들이 도시공원으로 시민들과 함께하고 있다.

부산은 천혜의 305km 해안선 속에 8개의 천연해수욕장과 20여 개소의 바다언덕과 50여 곳의 포구와 항구를 가진 바다도시다. 이런 도시는 전 세계 어디에도 없다. 일몰제가 공포된 지 20년이 지나는 동안 이렇게 귀중한 해안 공원녹지들의 매입 시도가 왜 없었는지 언뜻 이해가 되질 않는다.

부산의 305km 해안선과 자연자산들 ©경성대학교 도시보전연구실

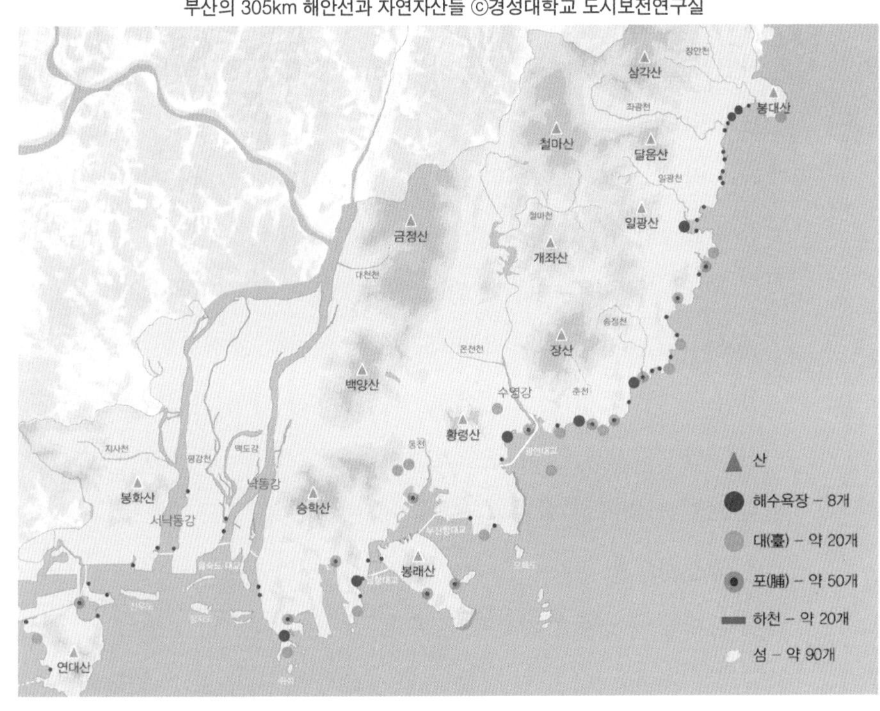

또 이런 천혜의 해안선을 가진 도시에서 수변경관지구나 해안선을 보호하기 위한 특별 제도를 단 하나도 가지지 못한 현실은 더더욱 믿기지 않는다.

지역에서의 무모한(?) 도전

2017년경이었다. 부산시의 '일몰제'관련 문제 해소과정에 참여하면서 필자는 혼돈 아닌 혼돈에 빠진 적이 있었다. "충분한(?) 환경복원과 활용의 기술을 가졌으니 얼마든지 자연훼손 문제를 극복할 수 있지 않는가?" "전체 경제에 이득이 더 크다면 자연의 양은 조금 축소되어도 되지 않는가?"라는 착각 속에서, 여전히 물질 중심으로 자연을 바라볼 수밖에 없었던 우리 현실에 대한 혼돈이었다.

여러 책을 뒤적여 보았다. 요약하면 "지금 도래한 환경문제의 근원은 자연을 정복 대상으로 여겼던 고질화된 서양의 문명관에 있다. 그럼에도 지금 우리는 단지 산업혁명 이후 발생하고 있는 후유증 해소에만 집중하고 있다. 그것도 모호한 정책과 완벽치 못한 기술에 의존한 채." 저자들은 공통적으로 뭔가가 누락되어 있음을 지적한다. 바로 '자연에 대한 올바른 가치관과 환경 철학'이다. 십수 년 전부터 우리는 녹색산업이라는 말을 흔히 사용하기 시작했다. 자연과 산업을 동일선상에 놓고 다양한 방식의 결합을 통해 경제 가치를 창출하고자 하는 신산업! 언뜻 멋져 보이지만 사실은 왜곡되기 십상이다. 녹색산업은 자연을 돈이나 기술의 대상으로 바라볼 수밖에 없어 결국 자연을 또 다른 물질문명의 대상으로 전락시킬 수 있기 때문이다. 자칫 어설프게 했다가는 잘 있는 자연마저도 잃을 수 있는 것이다.

다시 시선을 당시의 부산으로 옮겨본다. 우리 스스로가 만든 제도에 빠져 헤어나지 못하고, 공원녹지를 지키기 위해 결국 돈과 타협해야 하는 상황으로 나아갔다. 시민의 한 사람으로서 줄어드는 자연을 온전히 지킬 수 없는 현실에 자괴감을 감출 수 없었다.

도시계획시설들 중 재원 투입에 있어 가장 급할 것이 없는 대상이 공원녹지다. 이유는 간단하다. 수백 년 전부터 그곳은 시민들의 뒷동산이자 휴식처로 기능하며 깨끗한 공기는 물론 땔감과 각종 먹거리를 제공해 주었던 늘 한결같은 곳이었기에, 돈 쓸 곳이 매일 쏟아지는 개발시대의 사정 상 공원녹지의 부지 매입을 위한 재원 투입은 항상 뒤로 밀릴 수밖에 없다. 그래서 일몰제 시행을 잘 알고 있었음에도, 그 어떤 경각심도 갖지 못하고 매년 도달해야 하는 당장의 성과에만 매달린 채 허망하게 20년을 보내버렸다. 제대로 대처하려면 긴 시간이 필요하고, 눈에 보이는 당장의 효과를 자랑할 수 없는 일이었기에 아무도 나서지 않았다. 해제가 임박해서야 문제 해결을 위해 서울시가 먼저 나섰고, 부산시도 그즈음부터 방법을 찾기 시작했다. 사실 많이 늦은 시점이었지만 그나마 3년이 남은 시점에서 도전을 시작할 수 있었던 것만 해도 다행스러운 일이었다.

부산시가 선택했던 도전 방식은 '민간공원 조성 특례 사업'이었다. 시 재정 형편상 일몰제 대상의 모든 공원 부지의 매입은 불가능하기에, 민간 자본을 끌어들여 공원 내 일부 토지에 대해 개발을 허용하는 조건, 즉 민간기업의 기부채납 형식의 참여를 통해 공원을 조성하도록 하는 방식이었다. 민간공원 조성 특례 사업의 조건은 이러했다. 공원 부지의 전체를 개발사가 매입한 후 30%를 비공원시설지 **아파트 단지 등** 로 개발하고 나머지 70%를 공원으로 정비하여 시민에게 돌려주는 것이었다. 그러나 원래부터 공원으로 알고 사용하던 곳에 갑자기 또 공원을 조성한다는 얘기에 시민들은 당황할 수밖에 없었다. 그동안 남의 땅을 모두의 공원으로 여기고 살아왔다는 사실에 대한 상황 이해도 선뜻 들지 않았다. 걱정도 쌓여갔다. 진정 이렇게밖에 할 수 없는가? 또 다른 분쟁이 유발되진 않을까? 30%로 한정했다지만 난개발이 되진 않을까? 그럼에도 부산의 '무모한 도전'은 시작되었다.

사실 이 방식은 1847년 조성된 영국 리버풀의 비큰히드 공원 Birkenhead Park 에서 기원을 찾아볼 수 있다. 세계 최초의 공립공원으로 알려져 있는 이곳은 공원 용지 60에이크 약 24만㎡ 를 개인주택용지로 매각한 후, 그 수익금으로 125에이크 약 50만㎡ 의 용지 매입과 공원 건설 비용을 충당했다. 이 방식은 공공 자금이 부족할 때 민간부문 금융과 건설 의 참여로 공공사업을 진행하는 요즘의 '프로젝트 파이낸싱 project financing' 개념과도 닮았다. 광안대교도 부산항대교도 그렇게 탄생되었다. 이처럼 민간자본을 유입하여 공익 목적의 공원을 조성하는 일은 가당치도 않은 일이거나 틀린 방식은

'민간공원 조성 특례사업'으로 조성되는 부산의 공원들

아니다. 서구사회의 공원들 상당수가 그러하고, 울산의 울산대공원도 그렇게 탄생되었다.

부산의 최대 걸림돌은 공원용지의 30% 이내에 조성토록 한 공동주택의 건설이었다. 민간기업을 끌어들이기 위한 고육책이었다지만, 공원마저도 빈익빈 부익부의 온상이 될 수밖에 없는 현실 앞에서 난감할 수밖에 없었다. 그런데 2021년 6월, 부산시의 발표에 따르면 5개 민간공원의 공원면적 비율이 89%이다. 전체 부지 중 11%는 아파트 단지로 개발하고 89%는 공원으로 재조성하여 부산시가 기부채납을 받는다는 것이었다. 돈으로 환산하면 약 5,000억의 공원조성비를 절감한 것이라 한다. 계산법이 올바르다면 분명

민간부문의 참여로 조성된 세계 최초의 공립공원인 비큰히드 공원 Birkenhead Park

놀라운 수치였다. 어떻게 이런 결과에 이르게 되었을까?

그 중심에 '라운드 테이블'이 있었다. 주민대표, 민간기업, 환경단체, 전문가 등이 참여하여 3년여 동안 총 37회의 회의를 했다고 한다. 이 결과는 시민과 함께하는 민관 협치의 성공 사례로 오랫동안 회자될 것으로 생각한다. 라운드 테이블은 공원면적의 비율만 높인 것이 아니었다. 이기대공원과 청사포공원의 사유지 매입 결정과 이기대공원 내 자연녹지지역을 보전녹지지역으로 전환하는 용도 변경의 계기도 만들어 냈다. 개발시대에, 또한 개발 도시로 이름난(?) 부산에서 토지의 보전을 위해 규제를 강화토록 하는 용도 변경은 절대 흔한 일이 아니다. 행정기획, 공원녹지, 도시계획 등 부서들 간을 넘어서는 시 전체의 합심이 없었다면 결코 쉽지 않은 일이다. 이 결정을 계기로, 기후변화시대를 지혜롭게 대처하며 포스트 코로나 시대를 대비하는 시민들을 위한 올바른 선택들이 계속 등장하여야 한다. 2021년 가을에는 해운대구의 장산이 전국 최초로 구립자연공원으로 지정되었다. 이보다 더 나은 일들이 점점 늘어나야 한다.

부산시의 도전은 끝이 아니라 시작이어야 한다. 5개 공원을 민간공원으로 조성키로 했다지만, 존치하기로 한 공원들의 보전과 관리, 특히 부분 또는 전체를 해제키로 한 42개소에 이르는 공원들의 난개발 방지를 위해 들여야 할 인력과 비용은 상상을 초월한다. 특단의 조치가 있어야 한다. 지난 3년 동안 민간공원 조성 특례 사업을 통해 시 스스로 경험하였듯이 기존의 돈과 조직만으로는 절대 불가능하다. 공원과 녹지는 생명과 직결된다. 공원과 녹지는 한번 만들어지면 영원히 사라지지 않기에 투자 대비 효과는 계산이 불가능할 정도로 크다. 양적 확대와 질적 강화를 위한 투자를 망설이지 말아야 하며, 시민과 기업들이 함께 참여할 수 있는 다양한 방법들이 모색되어야 한다.

마치며

선조들은 자연에 순응하는 순천 사상의 자연관을 가지고 있었다. 자연은 영적 호흡인 기氣를 가지고 있어 자연의 형태를 인위적으로 변형시키면 나쁜 영향이 발생할 수 있다는 순천 사상의 원리는 풍수지리라는 지리학적 사고로 전환되어 전통적인 정주환경 구성의 기본이 되었다. 선조들은 도시와 마을을 조영할 때 자연 그대로의 적응을 원칙으로 했지만, 풍수가 부족하거나 지나칠 경우 재난 방지의 차원에서 땅의 이용 방식을 변경하기도 했다. 보통 '비보裨補'와 '염승厭勝'이라는 이름으로 땅에 조작을 가하는 행위였다. 비보는 좋은 기운이 밖으로 빠져나가는 것을 막는 조작법이고, 염승은 강하고 나쁜 기운이 안으로 들어오는 것을 막기 위한 것이었다. 선조들은 자연을 거스르지 않는 범위에서 마을 숲과 원림, 낮은 동산 등을 조성하여 비보와 염승을 적용했다.

자연은 언제나 그 자리에서 본분을 지킨다. 자연은 절대 욕심을 부리지 않는다. 근자에 들어 본격적으로 우릴 괴롭히기 시작한 기후변화 현상들도 자연 스스로의 문제가 아니라 우리 인간의 욕심과 자연파괴에 대한 무지와 무책임 때문에 발생하는 문제다. 지금이라도 자연에 대한 우리의 자세를 변화시킬 수 있다면 기후변화의 속도를 조금이라도 늦출 수 있지 않을까?

지금은 자연을 이기려는 고민보다, 자연의 질서를 흩트리거나 거스르지 않는 방법을 찾는 데 집중해야 한다. 자연은 강력한 '회복력'을 가지고 있다. 정해진 질서 속에서 늘 새로운 회복의 방법을 스스로 찾아낸다. 무절제한 인간 행위에 대해 적응하며 다시 원위치로 돌려놓는 자연의 힘이 경이롭다. 하지만 그 회복력도 한계가 있다. 지금과 같이 계속해서 자연을 소홀히 대한다면, 순간순간 피할 수는 있겠지만 한계점을 향하는 자연 변화의 속도는 결코 늦출 수 없을 것이다. 비록 강제적이라 할지라도 자연에 대한 생각의 근본을 바꾸어야 한다. 지구를 대체할 수 있는 환경과 도시에 상응되는 공간이 없다는 사실을 너무나 잘 알기에.

'무위자연無爲自然'이란 말이 있다. 자연에 맡겨 덧없는 행동을 하지 않는다는 뜻이다. 이 말은 자연의 원리를 살려 더 좋게 만들어 보자는 적극적인 생각과 행동을 말한다. 여기서 중요한 것은 자연에 대한 인정이다. 전 세계에 밀어 닥치고 있는 기후변화가 매우 심각하다. 지구환경의 생존 질서가 급변하고 있다. 예상치 못하던 바람이 불고 비만 오면 곳곳이 터지고 넘친다. 우리도 조만간 댕기모기들과 싸울 수 있고 수개월 내내 40도가 넘는 더위와 막을 수 없는 폭우와 사투를 벌여야 할지도 모른다. 무위자연에서 얘기하는 적극적인 생각과 행동은 결코 자연을 넘어서고 이를 이기기 위한 적극성을 말하는 것이 아니다. 자연에 맞서 인공의 것을 아무리 쌓아 올리고 자연을 덮어본들, 파도를 막겠다고 바다 속에 벽을 쌓고, 산에 콘크리트를 쳐 본들 그 행위들은 결국 사상누각이 될 확률이 높다.

생각의 근원을 바꾸어야 한다. 기후변화에 대한 우리의 대응이 아직도 말이나 선언에 그치고 있고, 또한 의무적으로 해야 할 대응을 등한시하거나 소홀히 하고 있다면 후대에 죄를 짓고 있는 것이다. 더군다나 열심히 하고 있는 대응이 본질에서 벗어나 있다면 정말 더 큰 문제다.

어떤 실상에 처해 있든지 간에 지금이라도 근원의 것을 바로 잡고 올바르게 대응해야 한다. 지금은 20세기가 아니다. 기후변화는 다가올 미래의 얘기가 아니라 21세기, 지금 당장의 당면 사안이다. 어쩔 수 없이 더불어 살아가야 하는 숙명과도 같은 존재다.

그 해결의 근저에 자연환경이 자리한다. 자연이 멀찍이 서서 "왜 제대로 나를 제대로 지키려 하지 않지?" "왜 스스로의 생명을 줄이려 하지?" "제발 나를 제발 소중히 또 최선으로 다루어 줘~"라고 난감한 표정으로 외치고 있다.

그나마 남은 이 녹지를 우리는 반드시 온전히 지켜야 한다. ⓒ싸이트플래닝

〈참고문헌〉

강동진(2018). 『오래된 도시, 새로운 도시디자인』. 커뮤니케이션북스.

김동진(2017). 『조선의 생태환경사』. 푸른역사.

헨리 데이빗 소로우. 강승영 옮김(1993). 『월든』. 이레.

Cliff Moughtin·Peter Shirley(2005). Urban Design Green Dimensions. Butterworth-Heinemann.

이 시대를 잘 살아가기 위해서는
자연에 대한 우리의 오해가 풀려야 한다.
미래를 위해 하지 말아야 할 일은
철저히 참아내는 절제와 파괴된
자연을 제자리에 돌려놓는 회복의 정신,
즉 자연을 정복의 대상으로 여기지 않는
상호공존의 지혜만이
기후변화와 전염병 시대를
이겨내는 유일한 길이다.

김 준

섬, 어촌, 해양, 갯벌에 기대어 사는 생물과 물새와 인간을 찾아 서해, 제주, 남해, 동해를 배회하며 해양생태와 문화를 조사·기록하고 있다. 그 결과로 『갯벌을 가다』 『새만금은 갯벌이다』 『김준의 갯벌이야기』 『대한민국 갯벌문화사전』 『섬:살이』 『어떤 소금을 먹을까?』 『바다맛기행』 『섬문화답사기』 『바닷마을인문학』 『어촌사회학』 등을 출간했다. 지금도 섬과 갯벌을 오가며, '오래된 미래'를 찾고 있다.

한국의 갯벌, ‘쓸모없는 땅’과 ‘세계유산’의 사이

갯벌은 육지일까 바다일까. 우문이지만 반복되는 질문이다. 바다일 때는 오롯이 해양생물과 물새와 어민들의 공간이자 공유자원이지만, 육지가 되는 순간 자본과 권력이 탐내는 부동산이 되기도 한다. 바다와 육지의 완충지역이자 사유와 공유의 경계에 위치해 있다. 최근 ‘한국의 갯벌’이 세계자연유산에 등재되었다.[1] 우리나라 세계유산으로는 15번째이며, 자연유산으로는 ‘제주도 화산섬과 용암동굴’에 이어 두 번째다. ‘쓸모없는 땅’이라며 간척과 매립 등 개발이 필요하다는 갯벌에 어떤 ‘탁월한 보편적 가치 OUV, Outstanding Universal Vaule’가 있었던 것일까. 우리가 공감하지 못하는 ‘시대와 국가라는 경계를 넘어 전 인류와 후세까지 인정할 만한 것’이 무엇이었을까. 우리는 왜 그 가치를 보지 못하고 외면하고 절반이나 잃고 뒤늦게 세계유산의 문을 두드렸

1 ‘한국의 갯벌’은 2021년 제44차 세계유산위원회에서 세계자연유산으로 등재된 우리나라 갯벌을 의미한다.

을까. 앞으로 갯벌이 편안할까.

왜 서해에 갯벌이 많은 걸까.

갯벌은 바닷물이 빠지는 썰물에 뭍이 되고 들어올 때 바다가 된다. 이렇게 드는 물과 나는 물의 차이를 '조차'라고 한다. 그 차이가 큰 곳에 갯벌이 형성되는데, 인천은 조차가 9m에 이른 곳도 있다. 두 번째로는 수심이 낮아야 한다. 조차와 수심은 상관성이 있지만, 인과관계로 단순화할

세계자연유산에 등재된 갯벌(신안군)

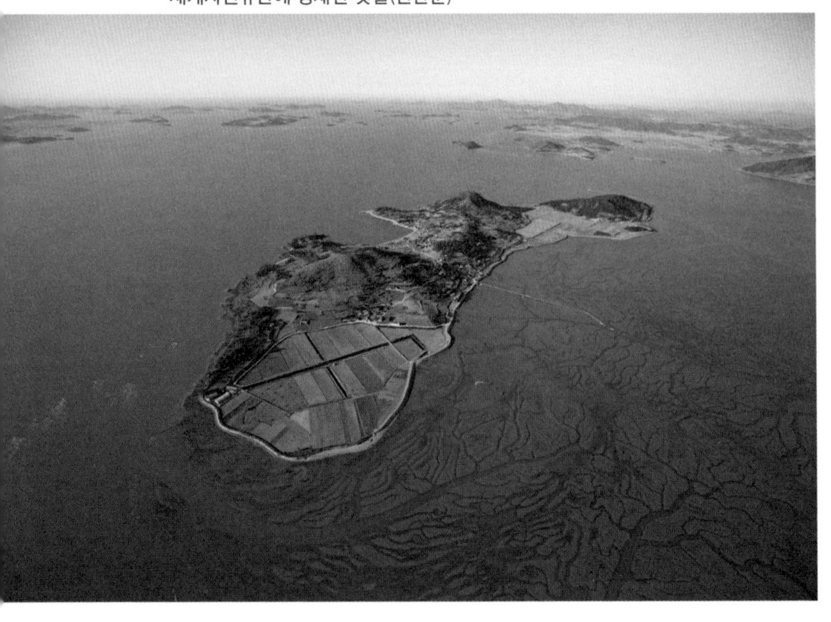

수 없다. 우리나라 해역에서 갯벌이 가장 발달한 서해 평균 수심은 40m 정도다. 동해는 1600m, 남해는 100m 내외다. 여기에 서해안은 굴곡도가 아주 높은 리아스식 해안이다. 매립과 간척으로 자연해안선이 줄면서 굴곡도가 낮아졌지만 그래도 다른 해역에 비해 높다. 이러한 자연환경이 갯벌 형성에 필요한 조건이다. 여기에 갯벌을 이루는 흙과 모래가 끊임없이 공급되어야 한다. 한반도는 동고서저의 지형을 이루고 있다. 이런 이유로 대부분 하천과 강이 서쪽 황해나 남해로 흘러든다. 이때 강물이나 하천수와 함께 내려오는 것이 토사다. 이 토사가 조류와 해안에 쌓이게 된다. 해안 굴곡도가 높으면 파도와 파랑의 힘을 분산시키면서 퇴적작용이 활발하게 일어난다. 서해 경기만과 인천, 전라남도 서남해 다도해 섬과 섬 사이에 갯벌이 발달한 것도 이런 이유 때문이다.

〈표 1〉 지역별 갯벌 면적(2018)

구분	면적(㎢)	비율(%)
합계	2,482.0	100.0
인천·경기지역	896.0	36.1
충청남도	338.9	13.7
전라북도	110.5	4.4
전라남도	1,053.7	42.5
경남·부산지역	82.9	3.3

자료 : 해양수산부, 2018전국갯벌면적조사

갯벌은 몇 살일까

황해는 빙하기 해수면이 낮을 때는 육지였다. 18,000년 전 홀로세기에 해수면이 상승하면서 육지가 바다로 변한 곳이다. 이 시기에 이르러 인류가 정착 생활과 농사를 짓기 시작했다. 홀로세 중기에 이르면 기후가 상승하면서 빙하가 녹아내려 해수면이 최고에 이르며, 이후 해면이 내려가기도 했다. 이 과정에서 침식과 풍화, 파도와 파랑 등에 의해 펄과 모래가 연안에 쌓이면서 갯벌이 만들어지기 시작했다. 우리 갯벌은 8,500년 전 형성되어 현재에 이르고 있다.

황해는 넓고 완만한 대륙붕에 평균 수심이 44m의 얕은 만으로 이루어진 바다다. 이곳에 9000년 이후 해수면 상승 속도가 느려지면서 갯벌이 형성되기 시작했다. 그리고 4,000-6,000년 전 지금과 같은 해안선이 형성되었다. 우리나라는 따뜻하고 비가 많이 오는 기후로 강우량이 풍부해 강과 하천에서 토사와 영양염류의 공급이 되고 있다. 황해 갯벌의 또 다른 특징은 중국 황하강, 양자강에서, 한반도 압록강, 대동강, 한강, 금강, 영산강 등 강물을 따라 많은 영양염 유입으로 1차 생산량이 전 세계 대양의 2배 이상이다.

서해갯벌은 내만의 펄 갯벌에서 외해 섬 서쪽을 중심으로 모래갯벌, 암반해안, 자갈해안, 사구, 사구습지 등이 분포

한다. 다양한 갯벌이 형성될 수 있었던 것은 한반도 서남해안에 집중된 다도해, 대조차, 동고서저의 한반도 지형, 몬순 기후 등이 영향을 미쳤다.

물길이 막힌 후 조개가 폐사된 새만금 갯벌

아낌없이 주는 갯벌

무엇보다 갯벌을 위협하는 것은 개발이다. 특히 간척은 갯벌을 흔적도 없이 사라지게 할 뿐만 아니라 공유자원을 사유재산으로 전환한다. 역사적으로 고려 시대 해양 방어, 조선 시대 해양 방어와 농지조성, 해방 후에는 농지조성과 산업단지 등을 목적으로 갯벌을 매립했다. 1960년대 이후에는 식량 자급과 근대화라는 논리로 국가 주도의 대규모 간척사업이 추진되었다. 그 결과 해방 전과 비교할 때 절반 정도 갯벌이 사라졌다. 어민들은 갯벌에서 농지로, 농지에서 공장으로 일터를 옮겨야 했고, 어민에서 농민으로, 농민에서 일용노동자로 전락했다. 시화호나 새만금처럼 대규모 간척과 매립사업을 추진한 배경에는 갯벌은 '쓸모없는 땅'이라는 인식이 전제되어 있었다.

이 과정에서 충남 서천 장항산업단지 간척 사업이 취소되었고, 신안은 태양광과 풍력발전으로 우려가 있지만 습지보호지역을 증도권 일부 지역에서 신안군 전체로 확대했다. 보성-순천 갯벌도 조간대 상부지역을 습지 보호지역, 문화재 보호지역명승, 도립공원으로 지정해 보호하고 있다. 2008년 서천에서 개최된 '세계습지의 날'에 해양수산산부장관과 환경부장관은 '연안습지 갯벌 의 20% 이상을 보호 지역으로 지정, 대규모 매립 원칙적 억제, 과학적인 습지 조사,

습지의 현명하고 지속가능한 이용, 훼손된 습지 적극 복원' 등 정책방향을 제시했다.

세계자연유산에 등재된 갯벌

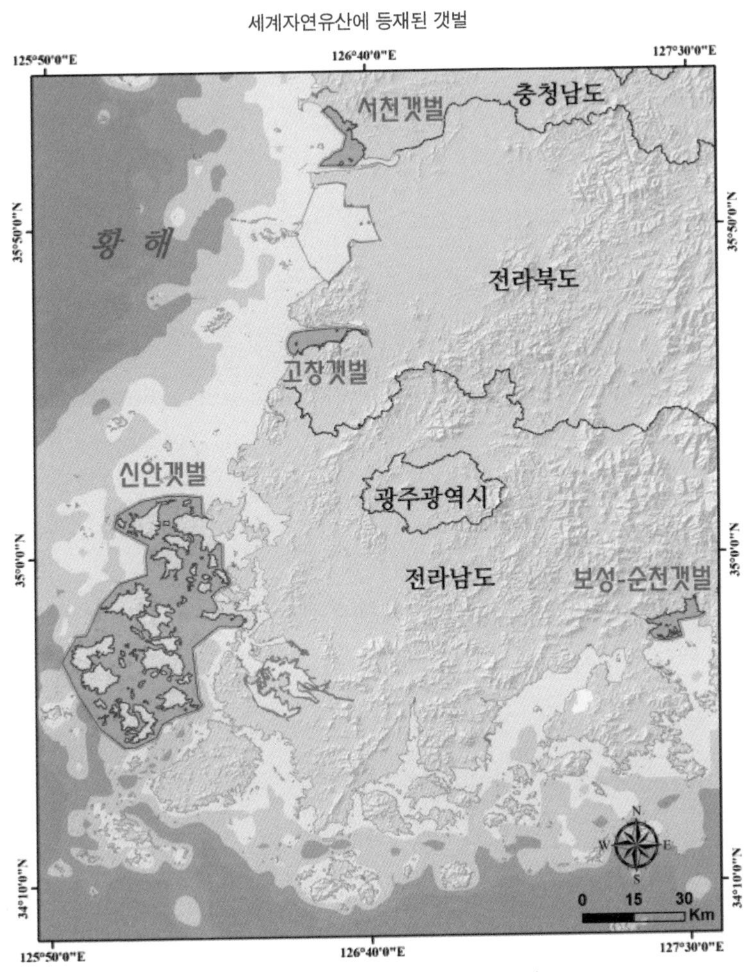

출처 : 한국의 갯벌 세계유산 등재추진단

'한국의 갯벌' 세계유산이 되다

갯벌을 세계유산으로 등재하려는 노력은 2008년부터 시작되었다. 문화재청 세계유산자문단 회의에서 신규 잠정목록에 '서남해안 갯벌과 염전'을 신청하기로 결정했다. 그리고 문화재청은 2010년 11월 해당 지자체의 신청을 받아 전라남도의 순천만갯벌, 무안갯벌, 보성 벌교갯벌, 신안 증도갯벌과 전라북도의 고창갯벌, 부안갯벌을 유산지역으로 잠정목록에 등재했다. 이후 전라남도는 서남해안 갯벌을 정식 등재하기 위해 기본계획을 수립했다.[2] 이후 문화재청이 갯벌을 세계자연유산 우선 추진 대상으로 선정하고, 2012년 '서남해안 갯벌 세계유산 등재 추진 준비위원회'를 구성했다. 갯벌 세계유산 후보지역은 잠정목록에 올라간 지역을 포함해 습지보전법에 의해 해양보호구역으로 지정된 10여곳이었다. 문화재청은 서남해안갯벌세계유산 추진단 2014년 을 구성하고 선정된 후보지역을 대상으로 등재 신청서와 해외 비교연구를 수행했다. 세계유산 잠정목록에 등재 2010.1.11 된 갯벌유산의 명칭은 '서남해안 갯벌 South-western Coast Tidal Flats '이었다. 유산 명칭은 신청서 작성 과정에서 '한국의 갯벌 Getbol, Korean Tidal Flat '로 바뀌었다. 그

2 전남발전연구원, 『서남해안 갯벌 및 염전의 세계유산 등재를 위한 기본계획』(전라남도, 2011).

리고 신청서 작성과정에서 현지조사와 지자체 의지를 검토하여 후보지역을 충청남도 서천군, 전라남도 순천시, 보성군, 신안군으로 변경했다. 이러한 변화는 해당지자체의 추진 의지와 세계유산 등재과정에서 주목하는 '완전성'이 크게 작용했다.[3]

〈표 1〉 '한국의 갯벌' 세계유산 등재 지역 현황

명칭	유산구역의 면적 (㎢)	완충구역의 면적 (㎢)
서천갯벌	68,09	36,57
고창갯벌	55,31	18,80
신안갯벌	1,100,86	672,54
보성 - 순천갯벌	59,85	18,01
총면적	1,284,11	745,92

자료 : 한국의 갯벌 세계유산 등재추진단

3　세계유산은 '탁월한 보편적 가치(OUV)'의 유무가 등재에 큰 영향을 미친다. 이 가치는 유산의 '진정성, 완전성, 보호 및 관리'라는 세 가지 요소에 의해 결정된다. 진정성은 등재기준 10가지 요소 중 어느 항목에 부합하는지 평가하며, 완전성은 유산과 등재기준이 지속되기 위한 조건(시스템)들이 얼마나 갖춰졌는지를 판단한다. 그리고 마지막으로 보전 및 관리는 이해당사자들이 유산을 보전하고 관리하는 시스템이 어떻게 이루어져 있는지 판단하는 것이다. 우리나라 갯벌은 습지보호지역, 람사르지역, 생물권보호지역, 갯벌도립공원, 명승, 아시아 - 대양주 철새이동경로 파트너쉽(EAAFP) 등에 의해 보호관리가 이루어지고 있다.

펄갯벌의 주인공, 칠게와 짱뚱어

순천만 갯벌에 휴식 중인 흑두루미

물새, 갯벌에 머물다

한국의 갯벌을 세계유산으로 추진하면서 모델로 삼은 곳은 2009년 세계유산에 등재된 '와덴해' 갯벌이다. 독일, 네덜란드, 덴마크 3국에 걸쳐서 펼쳐진 와덴해 갯벌은 북해와 접하고 있다. 이곳은 1980년대부터 개발을 멈추고, 지속가능한 어업으로 전환하고 제방을 열어 연안습지를 복원하는 정책을 추진하고 있다. 갯벌과 바다를 직접 이용하는 것이 아니라 조류 관찰, 학습 관광, 해양동물 관찰, 다양한 모니터링 생태 관광을 통해 갯벌의 가치를 나누고 있다.

〈표 2〉 '한국의 갯벌' 해양생태계 생물종

종	종수
저서규조류	375
해조류	152
염생식물	54
대형저서동물	857
물새류	118
어류	54

출처 : 한국의 갯벌 세계유산 등재추진단

도요새류나 물떼새류를 중심으로 많은 다양한 새들이 갯벌에 머무는 것은 그만큼 먹이가 풍부하다는 반증이다. '한국의 갯벌'을 보면 해양에 저서규조류 375종, 해조류 152종, 염생식물 54종, 대형저서동물 857종, 물새류 118종, 어류 54종 등 1610종이다. 연안과 섬 주변으로 모래갯벌, 펄갯벌, 혼합갯벌, 염습지, 암반해안 등 다양한 지형지질은 다양한 생물의 서식지를 제공한다. '한국의 갯벌'에는 민물도요, 큰뒷부리도요, 붉은어깨도요, 저어새, 알락꼬리마도요, 검은머리물떼새 등 118종 310,000개체가 찾고 있다. 저어새, 알락꼬리마도요, 검은머리물떼새, 청다리도요사촌 등 22종은 IUCN Red List에 포함된 종이다. 대형저

어촌공동체의 경제적 기반인 마을공동어장

서동물은 물새들이 다음 이동지로 날아가기 위해 꼭 필요한 먹이들이다. 우리 갯벌이 그 최적의 장소로, 세계 주요 3대 철새 이동경로 중 하나인 동아시아-대양주 철새이동로이다. 이 길을 따라 이동하는 물새 250종 중에서 101종이 우리 갯벌에 의존하고 있으며, 멸종위기종도 33종 중 22종에 이른다. 새만금 매립 이후 전 세계 도요물떼새 개체수가 급감했다. 서천 유부도 갯벌에서는 전 세계 개체수가 300-600개체에 불과한 붉은어깨도요가 발견되기도 했다. 갯벌생물 중에는 흰발농게, 대추귀고동, 범게 등이 멸종위기종들이 서식하고 있다. 이러한 특징은 세계유산위원회가 주목하는 우리 갯벌의 가치들이다. 갯벌생물과 물새와 인간의 공존이다. 이 생물들과의 공존 없이 어민은 물론 인류의 지속도 불가능하다. 그것을 지키려는 것이다.

갯벌에 기대다 '갯살림'

선사시대 유적에서 확인할 수 있듯이 갯벌어업은 한반도에 거주하는 인류의 생존방식이었다. 특히 정착생활을 시작하면서 농사만 아니라 어패류와 해조류를 갯벌에서 채취해 식량자원으로 삼았다. 호미나 단순한 도구를 이용한 맨손어업, 조석 주기의 조차를 이용하는 어살 등으로 자연을 거스르지 않는 어법을 이용했다. 배를 타고 멀리 나갈 수도 없어 조간대에서 창으로 찌르고 나무와 덩굴을 이용해 어살을 만들어 물고기를 잡았다. 이러한 어구나 어법 중에는 여전히 호미, 작살, 어살 **죽방렴, 석방렴** 등은 지금도 전승되고 있다. 그리고 맨손어업이라는 범주로 제도화되었고, 마을어업이라는 이름으로 제도화 되었다.

맨손어업은 갯벌, 갯바위, 수심이 얕은 바닷가에서 이루어진다. 이런 곳을 습지보전법에서는 '연안습지'로 분류한다. 국제적으로는 람사르 습지의 범주에 해당될 수 있는 곳이다. 세계유산으로 등재된 '한국의 갯벌'이기도 하다.

마을어업은 간단한 전통 도구를 사용하는 맨손어업으로 이루어진다. 이곳은 공유수면으로서 해양수산부의 통합관리 아래 마을어업으로 허가를 받아 어촌계원이 점유하여 이용한다. 마을어장을 이용하기 위해서는 마을에 일정한 기간을 거주한 후 기존 구성원들의 허가를 얻어 어촌계에 가입해야 한다. 마을어장의 가치에 따라 가입 조건이 다르다. 이들이 점유하는 갯벌을 '공동어장' '갯밭'이라 하며, 채취하는 수산동식물의 종류에 따라 '바지락밭' '석화밭' '미역밭' 이라고도 한다. 갯밭은 개인이 소유할 수 없고 사고팔 수도 없으며, 허가된 공간만 어촌계원들이 함께 점유하고 이용할 수 있다. 일찍부터 이러한 공동체적 이용 규칙과 원칙들이 마련되어 있다.

다만 전제가 있다. 갯벌에 다양한 생물들이 서식해야 하고, 회유하는 경제성이 높은 물고기들이 서식과 산란을 위해서 봄에 찾아와야 한다. 하지만 현실은 어떤가. 우리 동해 바다에서 더 이상 명태를 잡을 수 없다. 또 서해 갯벌을 찾던 조기는 무슨 이유인지 칠산바다와 연평바다를 찾지 않는다. 서해에 흔했던 민물장어와 남해 갯장어도 예전 같지 않다. 그 원인을 개발과 오염으로 인한 서식지 훼손, 기후변화, 불법어업 등에서 찾고 있다.

물새와 갯벌 생물과 인간이 공존하는 갯벌

공존의 질서, 세계와 약속

'한국의 갯벌'이 세계 자연유산에 등재되었다는 것은 세계인들이 우리 갯벌의 가치를 인정했다는 것이며, 동시에 그 가치를 미래세대에게 전하겠다는 약속에 합의한 것이다. 따라서 어민들은 지속 가능한 어업을, 여행객이나 소비자는 갯벌의 가치를 존중하는 착한 소비를, 행정은 가치의 지속을 위한 정책을 마련해야 한다. 또 등재 과정에서 약속한 갯벌 유산 구역의 확대를 위한 노력을 해야 하며, 또 남한만 아니라 북한을 포함한 한반도 갯벌로 확대하는 것도 필요하다. 이번 '한국의 갯벌' 세계유산 등재를 결정한 제44차 세계유산위원회에서 영국의 리버풀이 해양산업도시 유산에서 삭제되었다. 리버풀시가 추진하는 재개발로 기존 경관과 역사적 가치가 훼손된다는 이유에서다. 2004년 세계문화유산으로 등록된 '드레스덴 엘베계곡'도 독일 드레스덴 시가지 교통난 해소를 위해 건설한 구시가지 근처 '발트슐뢰센' 다리가 엘베 강 유역을 가로질러 가치를 훼손한다며 2009년 세계문화유산에서 지정 해제되었다. 한국의 갯벌도 마찬가지이다. 연안에 설치되고 있는 태양광과 해양의 풍력발전 시설을 우려의 시선으로 살펴보는 이유이다. 토사를 공급하는 강이 막히고 태양광이나 풍력발전 등 개발로 '한국의 갯벌' OUV **탁월한 보편적 가치_유네스코 세계 유산 등재**

기준'가 훼손된다면 리버플과 같은 결과를 빚을 수 있다.

갯벌은 공존의 공간이다. 바닷물이 들고 나며 강이 바다로 흐르기 때문에 가능하다. 그래서 칠게와 낙지와 인간과 도요새가 같은 갯벌에서 공존하는 것이다. 부리가 긴 알락꼬리마도요와 부리가 짧은 검은머리물떼새가 갯벌에서 공존한다. 바닷가 윗마을 주민들은 작은 새우를 잡고 아랫마을에서는 꽃게를 잡았다. 이 공존의 경험은 수백 년 동안 갯벌과 함께 '갯살림'으로 쌓여 있다. 다양한 시간과 공간으로 존재하는 갯벌을 획일화된 시공간으로 바꾸어서도 안 된다. 우리 갯벌은 자연이면서 문화 원형질이기도 하다. 갯벌이 선사시대부터 현세까지 그 오랜 세월 동안 변함없이 생명을 품고 물새에게 먹이를, 인간에게 단백질을 공급할 수 있는 것은 '공존의 질서'가 있기 때문이다.

조봉권

자연인 이창우
약전略傳을 쓰다가
겸손을 만났다

정대현

사랑하는 자만이
살아남는다

임회숙

비정非情한
균형과 평등

배재국

우리 함께, 이 우주

조봉권

1995년 국제신문에 입사하여 문화전문기자, 문화부장, 편집부국장 겸 인문연구소장을 거쳐 현재는 편집국 기획 에디터 겸 기획탐사 부장으로 있다. 14년 이상 문화·예술 부문을 취재하였다. 부산대 예술문화와 영상매체협동과정 미학 석사과정을 수료했다.

자연인 이창우 약전略傳을 쓰다가 겸손을 만났다

"인공, 인공, 제발 인공!"

봉팔 씨는 헉헉대며 빌고 또 빌었다. 하산 길이었다. "흙 말고 콘크리트 같은 거, 산길 말고 제발 임도林道, 부디 인간과 문명의 흔적!…, 그래, 삼립빵 봉지 같은 거, 삼립빵 봉지!" 누가 버린 빵 봉지라도 한 장 발견한다면 정말 마음이 놓이겠다고 빌며, 초짜 등산 담당 기자 봉팔 씨는 속으로 외쳤다. "제발 이 '자연'에서 벗어나고 싶어!"

입사 3년 차 일간지 기자인 봉팔 씨는 '등산·여행·레저' 담당 기자라는, 기자 지망생 시절에는 그런 것이 있으리라고 예상조차 못 한 보직으로 얼마 전 발령 났다.

골치 아프고 불안하고 바쁘기만 했던 사회부에서 탈출하는 데 드디어 성공한 데다, '여행 담당 기자'라니! 이건 완전 꽃 보직, 개꿀 보직 아닌가? 사회부에서 생활레저부로 보

비슬산, 1999년 5월

낸다는 사령장을 받으며 봉팔 씨는 환호했다.

사회부 기자로서 도시를 상대로 취재하는 지긋지긋한 '인공의 삶'에서 벗어나, 나는야 등산 담당 기자로서 산을 상대로 취재하는 '자연의 삶' 속으로 들어간다. 나는 자연인이다!

개소리였다. 네가 해봐라, 자연인. 너나 가라, 하와이. 봉팔 씨가 산의 참맛을 알게 되기 전 적어도 몇 달간은 이런 뿌루퉁한 마음으로 산행대장의 꽁무니만 겨우 따라다닌 게 부인할 수 없는 사실이다. 왜 그랬을까?

산행대장이 별유천지 비인간 급의 자연 그 자체, 숲속의 야생 곰 한 마리, 지치지 않는 산꾼이라는 점이 가장 컸다. 산행대장은 과묵했고, 지치지 않았고, 행여 지쳐도 표현하지 않았으며, 높은 봉우리에 올라가면 주위 수십 개 산봉우리의 이름을 다 알려주었다.

봉팔 씨는 산행대장이 자기 자랑 비슷한 걸 하는 걸 딱 한 번 본 적이 있는데 해가 이미 져 캄캄한 산중에서였다. 그때 대장은 말했다. "나는 발바닥 감촉만으로 산의 지형과 방향을 느낄 때가 있어." 이걸로 끝이었다.

이게 무슨 뜻이냐? 해가 이미 졌지만, 산행을 더 이어가겠다는 소리다. 산에서 9시간째다. 힘도 다 빠졌다. 멀리서 멧돼지 우는 소리가 들렸다. 봉팔 씨는 절망했다.

이들의 취재 산행이 명산대천을 찾아가는 것과 아예 다른 '근교산 시리즈'였단 점도 크게 작용했다. 쉽게 말해, 경남북의 덜 유명한 산을 찾아내서 등산 경로를 정비해 소개하거나 낮고 묵은 잡산 **그렇지만 보석을 숨긴** 을 이어 등산 코스를 개척하는 산행이 대부분이었다.

이건 정말로 '자연' 속으로 들어가는 일이었다. 묵은 잡산 속을 헤매듯 산행하는 것은 잘 정비된 국립공원 산행로를 따라가는 것보다 훨씬 힘들 때가 많았다. 인적이 없는 건 말할 것도 없고, '인공' 자체를 만나기 어려웠다. 길이 없으니 길을 만들며 갔다.

햇봄과 초가을은 눈부셨다. 두릅을 따고 더덕을 캐고 곰취를 털어 밥을 싸 먹으며 걷고 또 걸었다. 화려·청정한 융단 같은 낙엽 구간을 만나면 '낙엽 러셀'을 하며 홍에 겨웠다. 무인지경이었다. 러셀은 겨울에 눈이 높이 쌓인 구간을 여럿이 몸으로 뚫고 지나가는 산행이다.

대장과 봉팔 씨, 단둘이 산행에 나서는 날이 많은 게 문제였다. 뒷날 근수 형님이 결합했고 삼동이 형님이 가끔 함께 산을 타기도 했지만, 그러거나 말거나 대장은 산행 인생 제7의 전성기라도 맞은 사람처럼 구간을 길게 길게 뺐다. 밤 8시나 9시 심지어 10시, 11시에 산 밑 외딴 마을로 하산을 완료하곤 했다. 그때마다 대장은 끄떡없고, 봉팔 씨는 탈진했다.

온종일 찬비 내린 어느 추운 3월, 인적 자체가 없었으므로 티 없이 깨끗했던 낯선 능선에서, 비를 피할 곳이 없어 큰 바위 아래서 빗물에 밥을 말아 먹듯 점심 도시락을 비운 뒤, 대장은 봉팔 씨를 쳐다보는 대신 빗줄기 탓에 한 치 앞도 잘 안 보이는 능선 쪽을 바라보며 말했다. "저 능선으로 가자!"

봉팔 씨는 심장이 터지는 줄 알았다. 이쯤이면 오늘은 간단하게 하고 빨리 하산하자, 오전 10시부터 낮 12시가 넘

어림산금곡산, 2000년 1월

은 지금까지 줄곧 초겨울 찬비를 맞았고 안개가 심해 시야도 확보되지 않으니 철수하자, 같은 말이 나올 것으로 기대했는데 대장은 가장 긴 능선을 가리켰다.

다시 말하지만, 이곳은 청정한 낯선 산이다. 산길은 희미하거나 없다. 키가 넘는 산죽 구간을 미끄러져 가며 끝도 모른 채 뚫고 가야 했다. 대장은 '독도 讀圖 법'에서 타의 추종을 불허하는 실력을 갖춘 데다 길을 찾는 감각은 '짐승' 수준이었으나, 점령군 같은 안개로 다른 지형지물을 보고 대조할 수 없으니 2만 5000분의 1 지형도가 쓸모없어져 버렸다.

오후 4시께. 여전히 비는 내렸다. 사람 다닌 흔적이 있는 고개에 겨우 도착했다. 산을 전혀 모르는 봉팔 씨가 봐도 얼추 이곳에서 하산길은 열릴 것 같았다. 대장은 주위를 살피더니, 봉팔 씨를 보는 대신 먼 산 쪽으로 눈길을 주고는 말했다. “저 능선으로 가자!” 그의 입에서 나온 말은 ‘자! 이제 내려가자’가 아니었다.

20년이 지난 지금 봉팔 씨가 돌이켜보면, 그때가 마지막 기회였다. 대장은 ‘이제 대략 위치와 지형을 파악했으니, 뻔한 하산길로 가는 대신 조금이나마 다른 하산 루트를 찾자’고 생각한 듯했다. 그러나 해가 졌고, 비가 왔고, 길은 찾을 수 없었다. 자연은 청정했다.

칠흑 같은 빗속의 어둠 속에서 대장 뒤를 따라가며 봉팔 씨는 체력은 바닥났고 체온이 내려감을 느꼈다. 봉팔 씨는 빌었다. “제발, 이 ‘자연’에서 벗어날 수 있게 해주세요. 제발!”

두 사람은 그날 결국 산에서 내려오지 못했다. 천행으로 발견한 절벽 아래 스님들의 빈 토굴로 무작정 들어가 불상 앞에서, 기도할 때 까는 방석을 덮고 밤을 지새웠다. 추웠다.

토굴 속 두 사람 대화.

“대장! 근데 아무것도 안 보이고 다른 불빛도 없고 랜턴도 꺼져가고 있었는데 어떻게 절벽 위에서 그 아래 있는 토

비슬산, 1999년 5월

굴을 발견한 겁니까?"

"절벽 쪽으로 조금 내려가니 희미한 흰색 물체가 작게 보이고 거기서 통 통 비 튀기는 것 같은 소리가 들리더라고."

칠흑 어둠 속에서 빗물을 튀겨 미세하게 색다른 소리를 낸 그 작고 흰 물체는 토굴을 덮은 함석지붕이었다. 봉팔 씨, 체온이 떨어져 자꾸 쥐가 나는 다리를 문지르며 읊조렸다.

“고맙습니다. 틴 플레이트 함석 여! 감사합니다. 인공이여!”

이 경험은 봉팔 씨 가슴과 뇌리에 박혔다. 생각도 좀 바꿔놓았다. “자연으로 들어가자” “자연으로 돌아가자” “지긋지긋한 도시를 떠나 자연 품에서 살고 싶다”라는 말을 들으면 좀 심드렁했다. 속으로 ‘그거 만만치 않을 텐데…’라고 꼬아서 생각했다. ‘도시는 과연 지긋지긋한가’ 반문도 속으로 꽤 했다.

까치산, 2000년 1월

무엇보다 이 물음을 얻게 된 점이 컸다. '자연을 대하는 태도가, 자연을 보는 관점이 더 생태적으로 바뀌지 않는다면, 그 사람이 자연으로 돌아간들 도시에 산들 무슨 차이가 있겠는가?' 하는 질문이다.

봉팔 씨는 자연의 심장부인 청정한 산속에서 "인공, 인공, 제발 인공!"을 외쳤던 자기 경험을 잊지 않고 자꾸 되새기려고 노력했다. 그때 몇 발짝 앞서서 걸어가던 '자연 그 자체'이자 '숲속의 야생 곰 한 마리'인 산행대장은 아무런 불편도 느끼지 않는 듯했다. 대장은 그 자체로 자연의 일부이자 산의 풍경 같았다.

섣부르게 자연인 선언을 한 어설픈 봉팔 씨와 자연에 스며들어 자연의 일부가 되어버린 산행대장의 차이는 어디서 온 걸까?

인공이 숨 막혀 자연을 찾았다가, 자연이 불편해 인공으로 돌아오는 건 자연스럽다. 이 기후 재앙 시대에는, 그렇게 하는 과정에서 사람이 더욱 생태적으로 바뀌는 변화가 일어나야 한다. 자연을 더 사랑하게 되어야 한다는 뜻이다. 그게 아니라면, 그냥 자연에 들어가서 자연을 소비한다는 건데 지금 지구가 이렇게 기온 상승으로 망해가는 데 한몫을 단단히 한 게 바로 그런 소비가 무분별해진 탓 아닌가 말이다.

선불리 "역시 자연이 최고"라고만 외치기엔 우리와 지구가 처한 상황은 아주 복잡해졌고 우리가 지구를 위해 져야 할 의무는 훨씬 커졌다.

봉팔 씨가 곱씹어 보면 자기의 경험은 어설프게 자연인 선언을 하고는 어깨에 힘주며 산에 들었다가 힘들어지자 '인공, 인공' 외치며 도망친 거다. 그렇게 부끄럽지는 않다. 20년 전 그때 창백한 '도시 촌놈' 출신의 젊은 초짜 등산·여행·레저 담당 기자에 지나지 않았던 봉팔 씨는 잘 몰랐고 경험이 없었다.

오래 간직하고 곱씹었던 그때 자연 속 이야기를 지금 떠올리며 그는 다짐한다. 자연 앞에서 겸손해야지. 그리고 자연으로 들어갈 때도 돌아갈 때도 섣부르지 말아야지.

그리고 여기 꼭 기록해두어야 할 이름이 있다. 등산 경험이라고는 요만큼도 없던 초짜 산행 담당 기자 봉팔 씨를 2년 3개월 동안 이 마루금 저 골짜기로 데리고 다니며 여러 차례 목숨을 구해주고 기어코 산을 사랑하는 또 한 마리의 '숲속 곰'으로 길러준 산행대장의 이름은 이창우이다. 대장은 지금도 국제신문 '근교산&그 너머 2021년 10월 7일 현재 1248회' 시리즈를 직접 쓰며 책임지고 있다. 그는 봉팔 씨에게 전설이다.

여기서 이 글은 급회전한다.

자연에서 만난 겸손의 중요함에 관한 것이다. 봉팔 씨는 겸손한 사람은 아니고, 겸손 덕목을 어긴 뒤 후회를 반복하는 딱한 사람이다. 하지만 산에서 한 경험을 바탕으로 겸손의 가치를 간직하려고 노력은 한다.

2년 3개월 동안 등산 담당 기자로서 일주일에 한 번 또는 두 번씩 **정말로 단 한 주도 거른 적 없이** 먼 산 가까운 산을 타면서 봉팔 씨는 문득 이렇게 생각했다.

우리가 만나거나 먹는 것은 오디, 어름, 사과, 감 같은 구체적인 그 무엇이다. 과일은 오디, 어름, 사과, 감을 추상화 또는 일반화한 것이다. 이런저런 특징을 가진 걸 '과일'이라 칭하자고 한 것이다. 근데 이 추상화·일반화는 불완전하고 한계가 분명하다. 감, 사과, 어름, 오디 같은 구체적 존재가 가진 생생함과 개별성을 다 담거나 표현하지도 못한다.

그래도 문명사회에서 뭔가 해보려면 오디, 어름, 사과, 감을 '과일'이라고 정의 define 하는 걸 피할 수 없다.

이런 일은 학술이나 언론에서도 일어난다. 뭔가 정의define하지 않으면, 학술과 언론은 한 발짝도 앞으로 못 나간다. 그런데 그 정의 definition 란 완전한 게 아니다. 불완전하다. define은 de+fine이다. confine은 con+fine이다. confine은 '가두다'는 뜻이다. 사람을 감옥에 넣어도 confine이라고 하면 된다. 두 낱말이 공유하는 fine에 가둔다는 뜻이 있다고 유추할 수 있다.

봉팔 씨가 산에서 본 자연은 가둬지지 않는 존재였다. 지리산 초암릉에서 만난 그 화려한 야생화 군락과 나비 떼를, 한밤중 고령 미숭산을 내려올 때 거대한 파도처럼 달려들던 반딧불이 떼의 푸른 불빛 군무를, 태풍을 뚫고 올랐던 팔공산 젖은 풀밭의 운동감을 봉팔 씨는 가두거나 담을 수 없다. 정의를 내릴 수도 없다. 사람은 자기 본 것을 절대로 '전부' '그대로' 표현할 수 없어 좌절하는 존재일 뿐이다.

도가도비상도 道可道非常道.

어느 능선 위를 거의 무아지경으로 걷던 봉팔 씨에게 불쑥 떠오른 문장이다. 노자의 말씀. 무언가를 도道라고 정의하여 가둘 수 있겠으나 그렇게 하는 순간 가둬지지 않는 도道, 그 정의를 빠져나가는 도道는 새로 생겨 딴 데로 날아가게 마련이다.

define과 confine을 놓고 씨름하던 봉팔 씨가 당혹스럽게 마주친 개념 또 하나는 '폭력성'이다. confine이 '감옥에 가두다'는 뜻으로 쓰인다면, define의 fine도 그와 비슷한 어떤 속성을 공유할 것 아닌가.

남의 의지나 바람을 거스르거나 억제하면서 행위나 효력을 가하면, 우리는 그걸 '폭력적'이라고 비유하거나 표현한다. 이쯤에서 봉팔 씨는 원죄 原罪 라는 관념과 정의 定意 라는 행위에는 비슷한 데가 있는 것 같다는 생각에 다다른다.

아담과 이브가 원죄를 저지르지 않았다면 인류는 태어

나지도 못했을 텐데 이게 또 죄는 죄인 거다. 정의하지 않으면 학술은 단 한 발짝도 움직이지 못하는데 이게 또 살아있는 '저 푸르른 생명의 소나무괴테'라는 존재를 다 담거나 가두지 못하는 한계도 명확하다. 심지어 왜곡하거나 억누를 때도 있다.

그러면 어떻게 해야 하나?

대장과 봉팔 씨, 유난히 격렬했던 어느 산행을 마무리하고 이제 하산을 시작한다. '영남알프스 당일 산행 최고 난코스'로 나중에 이름 지은 '가지산 북릉' 개척이었다. 봉팔 씨는 여기서 휴대전화를 잃어버렸고 1999년이었으니 비쌀 때였다, 역시나 삼립빵 봉지 발견을 간절히 기원했다. 해가 이미 졌는데도 여전히 가지산 정상 1240m 을 향해 올라가고 있었는데 봉팔 씨는 그 어둠 속에서 눈 덮인 소나무 자연 가 대피용 산장 건물 인공 로 자꾸 보이는 환각을 체험했으며 기어코 하산을 완료한 지점에서 크게 엎어졌다. 다리가 풀렸던 것이다.

대장도 지쳤는지 모처럼 숨을 몰아쉬며 봉팔 씨에게 말했다.

"다 와서 엎어지노?" 그게 끝이었다. 달은 밝았다. 산중 고갯길 터널 앞에서 용케 친절한 기사님이 모는 초대형 화물트럭을 얻어 타고 드디어 자연을 벗어나 그리운 도시로 향하면서 봉팔 씨는 생각했다.

“앞으로 자연 앞에서 겸손해야지. 겸손해야지.”

봉팔 씨는 지금 학술도, 언론도 마찬가지라고 생각한다. 겸손해야 한다. 자연 앞에서.

도가도비상도道可道非常道

노자의 말씀.

무언가를 도道라고 정의하여

가둘 수 있겠으나

그렇게 하는 순간

가둬지지 않는 도道,

그 정의를 빠져나가는 도道는

새로 생겨 딴 데로

날아가게 마련이다.

정대현

대학에서 분자생물학을 전공하고 1990년 부산일보 사진기자로 입사. 사진부장(편집국 부국장)을 거쳐 현재 선임기자로 있다. 데스크 근무 7년을 제외하고 늘 카메라를 들고 취재 현장을 누비고 있다. 남들이 잘 못 보는 새, 뱀, 온갖 꽃들을 잘 본다. 특히 어디를 가든 딱따구리 소리를 잘 듣는다. 아내가 프로필에 꼭 넣으라고 한다.

사랑하는 자만이 살아남는다.

두 사진가를 기억하며

건물이 내는 소리를 들어 본 적이 있는가? 아마 듣지 못했을 것이다. 평생 듣지 않기를 바란다. 나는 삼풍백화점 붕괴 현장에서 그 소리를 들었다.

1995년 6월 29일. 삼풍백화점이 무너졌다. 참사가 있은 지 3시간 후 나는 그곳에 도착했다. 사고 소식 1보가 뜨자마자 공항으로 달려가 거의 만석인 서울 편에 아슬아슬하게 몸을 싣고 꽉 막힌 서울 시내를 통과해 현장에 닿으니 겹겹이 둘러친 통제선이 기다리고 있었다. 밥벌이의 절박함과 직업적 사명감으로 겨우겨우 통제들을 뚫고 보니 역시 나처럼 어찌어찌 달려온 많은 카메라 동료들이 취재를 하고 있었다.

이미 붕괴된 5층 건물은 시루떡처럼 틈 없이 포개져 쌓여 있었고, 양쪽으로 무너지지 않고 남은 건물의 일부가 핑크빛 외벽에 검은 내장을 드러낸 채 서 있었다. 그날 밤 위태롭게 버티던 건물이 소리를 냈다. 현장에 있던 사람들은 대부분 그 소리를 들을 수 있었다. 소리가 나자 구조작업은 즉시 중단됐고 사람들은 밖으로 대피했다. 나도 뛰다시피 현장을 벗어났다. 소리가 그치고 얼마의 시간이 지나면 다시 현장으로 들어갔다. 그렇게 대피와 복귀가 그날 밤 몇 차례 반복되며 구조작업이 진행됐다. 건물은 새벽녘 강철 로프에 묶여 고정되면서 더는 소리를 내지 않았다. 붕괴의 조짐은 참사 당일 아침부터 있었다. 기둥에 균열이 발견되고 바닥이 내려앉자 낮 시간에 경영진과 건축 설계사가 현장을 둘러보고 4층과 5층의 영업을 중단시켰다. 붕괴 약 3시간 전엔 구조기술사와 백화점 임원진이 건물을 살폈지만 안전에 대한 의견은 엇갈렸고 경영진은 그저 보수공사만 하기로 결론을 낸다. 그때도 건물은 소리를 내고 있지 않았을까? 오후 5시 50분 삼풍백화점 내 비상벨이 울리고 백화점은 몇 분 후 건물 옥상부터 완전히 붕괴되고 만다. 징후와 경고를 무시한 대가는 실로 참담했다. 502명이 숨지고 6명이 실종됐으며 937명이 부상을 당했다.

징후는 삼풍백화점에서만 무시된 것이 아니다. 대부분 징후라는 것은 사후에야 의미를 획득하게 된다. 우연히 더러 목격된 조짐들은 일이 아직 일어나지 않았으므로, 잦은 경고가 유의미하게 받아들여지면 불의의 사고가 방지되므로, 무사안일의 날이 이어지는 때문이다. 그래서 징후라는 말은 사후약방문에 가깝다.

釜山日報

1995년6월30일

百貨店 붕괴 千여명 死傷

地下 百여명 매몰 희생자 늘듯

5층건물 폭삭…死亡 80·부상 9

사라진 건물

삼풍백화점

이런 중에도 데이터가 쌓이면 뒤통수가 당기며 의구심을 느끼게 된다. 생존본능이 이성적 사고를 자극한다. 일간지 사진기자로 30년 차인 나는 직업의 특성상 풍찬노숙의 시간을 제법 견뎌왔다. 사건과 사고, 이슈를 찾아다니다 보면 날씨와 기상변화는 매일 체크해야 하는 중요한 사안이다. 어쩌다 보니 날씨에 대해서는 반풍수가 된 성싶다.

한데 작년 여름의 갑작스러운 몇 번의 폭우는 예사롭지 않았다. 그보다 더한 강수량과 더 큰 피해를 남긴 비를 수없이 겪었지만 내리는 비가 공포로 느껴지기는 처음이었다. 초량 지하차도에서 차량이 침수되면서 사망자가 발생했고 부산역 등 지하철 역사에 물이 쏟아져 들어갔다. 올해는 작년 정도는 아니지만 역시 심상치 않다. 지난 7월 중국 허난성 정저우에서는 폭우로 인한 빗물이 지하철역으로 강물처럼 밀려와 역과 지하철이 침수됐고 다수의 사망자가 발생했다고 전해진다. 9월엔 전례 없는 폭우로 미국 뉴욕의 지하철 승강장에 물이 폭포수처럼 쏟아지는 모습을 보기도 했다. 지하실에서 생활하던 많은 이들이 미처 대피하지 못해 생명을 잃었으며 갑자기 물바다가 된 도로에서 차량 운전자들이 사망하는 사례도 있었다. 뉴욕시장은 역사적 기상현상이라고 언급하며 우리가 지금까지와는 다른 '새로운 세상'에 있으며 "이것은 얻을 수 있는 가장 큰 경고"라고 선언했다. 북미 대륙은 수년째 파괴적인 폭우와 산불을 경험하고 있는 터이다. 과학자들은 인간에 의한 기후변화 탓에 이러한 장면을 세계가 더 많이 목격하게 되리라 예측한다.

나는 가족들에게 이제 비가 억수같이 쏟아지면 지하철에서 내리라고 한다. 호들갑스럽게 보일지라도 지금의 상황에서는 이것이 더 상식적인 것이 아닐까?

이런 일련의 일들이 우연이라고 생각하는 사람들은 더는 없을 것이다. 우리가 근래 가장 자주 들어온 경고가 있다. 온난화로 인한 기후변화 위기. 전문가와 활동가들의 엄중한 충고와 다급한 촉구가 계속되고 있지만 지구의 주인처럼 행세해온 우리는 여전히 막연한 희망 회로를 돌리며 책임 있는 변화를 실행하지 못하고 있다. 사실 지구의 표면은 어느 시기는 완전히 얼어붙었다가 다시 녹기를 반복해 왔다. 그 과정에서 이 지구에서 많은 것들이 사라졌다. 그 원인이 이번엔 우리에게 있다는 사실만 빼면 이전 기후 대변화 시대와 다를 바가 없을 수도 있다. 상황이 얼마나 더 악화될지, 우리에게 남은 시간이 어느 정도인지, 돌이킬 수 없는 상황으로 이미 전환되었을지도 모를 일이라고 한다.

지난 9월 유엔 보고서의 내용은 찬찬히 살펴볼 만하다. 이 보고서는 2020년부터 올해까지 일어난 10가지 서로 다른 종류의 재난을 분석해 재난과 재난, 개인과 재난이 밀접하게 연결돼 있다고 밝혔다. 북극 빙하를 녹인 폭염과 미국 텍사스의 대규모 정전 사태 등 세계의 각기 다른 장소에서 발생한 별개의 재난들이 탄소 배출과 환경 파괴 고리로 서로 밀접하게 연결돼 있다고 보고한다. 또 "전 세계에서 목격되는 재난은 우리가 인식하는 것보다 훨씬 더 상호 연관되어 있고, 그것은 또한 개인의 행동과도 연관되어 있다"면서 "하지만 좋은 소식은 문제가 연관되어 있다면 해결책도 연관되어 있다는 것"이라고 전한다.

'우리가 연결되어 있다'는 말은 이 시대에 더는 수사적 표현이 아니다. 우리를 엮는 촘촘한 그물망은 온라인이나 소셜 미디어에 국한되는 것도 아니다.

이웃나라라고는 하지만 국경을 마주한 곳도 아닌 곳에서 시작된 역병이 우리 삶의 형태를 이렇게 바꾸어 놓으리라고 누가 짐작했을까?

직장 동료가 취재하러 간 장소에 확진자가 있었다고 그 동료와 책상을 마주한 나도 PCR 검사를 해야 하는 현실이니 우리는 서로에게 생각보다 더 가깝고 밀접한 존재인 것이다.

프란치스코 교황과 세계 그리스도교 지도자들이 지난 9월 공동으로 발표한 지구의 미래를 위한 긴급 호소문에서도 이런 인식이 읽힌다. 코로나19 대유행으로 우리 모두가 연결돼 있다는 사실을 깨달았다면서 이는 새로운 교훈은 아니지만 우리가 새롭게 직면해야 하는 사실이라고 밝힌다. 또 이 메시지에서는 "우리는 모든 사람이 안전해질 때까지 누구도 안전하지 않다는 것, 우리의 행동이 서로에게 실제로 영향을 미치고 오늘 우리가 하는 일이 내일 일어날 일에 영향을 미친다는 것을 깨달았다."라고 호소한다.

공동의 집 '지구'와 우리가 겪고 있는 위기를 해결하기 위해 어느 때보다 '함께'가야 한다는 많은 목소리들을 듣는다. 그 목소리가 제시하는 길은 연대의 길이다.

억만장자가 화성으로 이주를 준비하는 것에 모든 것을 맡겨둘 수만은 없으니 여기 이곳의 문제를 해결하기 위해 머리를 맞대고 실천적인 방안을 강구해야 하는 때인 것이다.

카메라를 든 이들은 동시대의 위기에 가장 먼저 호출되는 것이 운명이다. 구조적으로 '지금' '여기'를 향할 수밖에 없는 카메라는 어떤 매체보다 시대의 징후를 예민하게 기록하고 표현한다. 매혹적이며 공격적인 선동 도구가 되기도 하는 탓에 너무나 많이 인용되었지만 '카메라가 총과 닮았다'고 한 수잔 손탁의 말은 여전히 날카롭다.

총구와 같은 카메라 렌즈가 어디를 향할 것인가는 결국 카메라를 든 인간, 그가 누구인가라는 질문으로 돌아간다. 시대의 호출에 응답한 그가 무엇을 응시하고 있는지, 그가 낚아챈 시간을 무엇이라고 파악하고 있는지가 직·간접적으로 그를 드러낸다. 훌륭한 인간과 위대한 아티스트가 일치하는 경우를 만나면 가슴이 뛴다. 세바스치앙 살가두가 그런 사진가이다.

1944년 브라질 태생인 그는 청년 시절 군사독재에 격렬히 항의하다 정치적 박해를 피해 프랑스로 건너간다. 68혁명의 열기가 남아있던 프랑스에서 같은 처지인 브라질 망명 공동체 안에서 '참다운 의미의 공유와 공조'를 느끼고 단단한 유대의 힘을 경험하며 이민자들과 망명자들을 돕는 일에 나선다. 이후 국제분쟁과 기근의 현장에 주목한 그는 유니세프, 국경 없는 의사회, 적십자, 국제연합 난민기구 등과 함께 작업하며 고통에 처한 이들의 삶을 가까이에서 호흡하고 기록한다. 척박한 환경에서도 순박함과 위엄을 잃지 않는 아프리카인의 모습을 렌즈에 담아오던 그는 르완다 내전의 참상 앞에서 주저앉고 만다. 매일 수 천 명의 죽음을 목도하며 인간 본성에 깊은 회의를 느낀 그는 살아갈 힘을 잃었다고 고백하고 고향으로 돌아온다. 유년 시절 열대우림이었던 고향은 황무지가 되어 그를 맞이하고 그는 그 땅이 자신처럼 죽어가고 있다고 느낀다. 깊은 회의와 무력감에 부딪힐 때, 마주한 현실이 가망 없어 보일 때 우리는 무엇을 할 수 있을까?

살가두를 일으킨 한마디는 아내의 "우리가 다시 나무를 심어요"였다. 그들은 200종 이상의 나무 200만 그루를 심었

Genesis © 세바스치앙 살가두
"우리는 자연과 우리 사이를 가로막는 장벽을 건설했다. 그로써 우리는 더 이상 볼 수도 없게 됐으니……. 창밖의 새를 보고 그 새도 다른 어느 새가 사랑하는 존재려니 상상하는 힘을 잃어버린 것이다."

고 숲은 기적적으로 살아났다. 재규어가 어슬렁거리며 돌아다니고 떠났던 생명들이 숲을 채웠으며 마침내 이 숲은 브라질의 국립공원이 되기에 이른다. 그는 이 과정에서 그의 절망과 좌절과 상처를 치유했다. 인간 내면의 고통과 외부 세계의 파괴는 결코 무관한 것이 아니며 어느 곳에서 먼저 시작하든 회복의 길에서 양쪽은 반드시 조우하게 되는 듯하다. 자연을 되살리는 길이 인간성 회복의 길이라는 확신을 가진 살가두는 다시 카메라를 들고 훼손되지 않은 태초의 생명력을 품은 사막, 혹한의 지역, 극지방, 해발 3000미터 이상의 고지대를 찾아 '제네시스 Genesis 프로젝트'를 진행한다.

빔 벤더스 감독의 영화 '제네시스 Genesis'를 통해서도 자세히 소개된 살가두는 작품뿐만 아니라 사진가로서의 태도와 삶 전반이 이목을 끈다. 특히 그가 갈라파고스 제도의 이사벨라 섬에서 자이언트거북을 촬영하던 때의 에피소드는 인상적이다. 갈라파고스라는 말은 스페인어로 바다거북이라는 뜻이기도 하단다. 인간의 발길이 거의 닿지 않아 경계심이 없다는 갈라파고스의 동물들과 달리 거북은 선원들에게 산 채로 잡혀가는 일이 많아서인지 그의 접근을 허락하지 않았다. 그 순간 그는 인물사진을 촬영할 때 몰래 갑자기 잠입하는 일 없이 반드시 절차를 지켜 자신을 소개하고 취지를 설명하고서야 합류해왔다는 것을 떠올렸다. 거북과도 안면을 익히고 그의 움직임 안에 자신을 맞추어야 한다는

Genesis © 세바스치앙 살가두
러시아 시베리아 야말반도에서 순록을 사육하는 네네츠 족 "네네츠 족은 끔찍이도 혹독한 환경에서 정말 최소의 것으로 살아간다.…… 내가 그 여행을 위해 준비해 간 물품만 해도 그들의 소유보다 많았다."

데 생각이 미치자 살가두는 거북처럼 엎드려 네발로 기고 영역을 존중하면서 다가가고 물러서고를 하루 종일 반복한다. 급기야 경계심을 풀고 먼저 다가온 자이언트거북의 태연한 눈빛을 그는 가까이에서 담는다. 인간 아닌 다른 생물종을 찍을 때도 그 동물을 사랑하며 그 존재의 모양새와 아름다움을 즐거이 바라보고 존중하면서 공간을 지켜주어야 한다고 말한다. 그의 제네시스 **창세기** 연작들에서는 빛으로 어둠이 드러나는 장면들을 만날 수 있다. 밤과 낮이 갈라지는 창세기의 장면 같은 그의 사진에서 우리는 어쩌면 태초부터 우리와 함께 해왔을 이웃 생명들을 만나 들여다본 적 없는 그들의 눈빛과 마주하게 된다. 그 순간은 경이이다. 진화한 종으로서의 우월감이 아니라 대지를 나누며 몇만 세대를 공존해온 같은 생명체로서 유대감과 깊은 책임감을 동시에 느낀다.

살가두는 그의 탁월한 작업들로 또한 뛰어난 사진가로서 저명한 '유진 스미스 상'을 수상했다.

유진 스미스는 1955년 전 세계 270명이 넘는 사진작가들이 참여해 전설이 된 뉴욕현대미술관의 기획 전시 '인간가족 The Family of Man'전에서 「천국의 정원으로 가는 길 Walk to Paradise Garden」을 통해 두 차례의 세계대전으로 피폐해진 당시의 사람들에게 깊은 위로와 감동을 전했다. 종군 사진작가로 치명적인 부상을 입은 유진 스미스가 우연히 자신의 아이들이 햇살이 드리운 숲속을 걷는 모습을 찍은 장면이다. 나중 사진집으로 나온 '인간가족' 마지막 페이지를 닫은 이 사진 아래에는 "너희 발걸음으로 세계가 태어나니…"라는 문구가 덧붙었다. 유진 스미스는 또한 우리에게 미나마타병의 참상을 알려 환경파괴의 재앙이 어떻게 인간에게 돌아오는가를 생생하게 고발하며 전 세계의 경각심을 일깨웠다. 1970년대 초 3년간 일본 미나마타 시에 거주하며 활

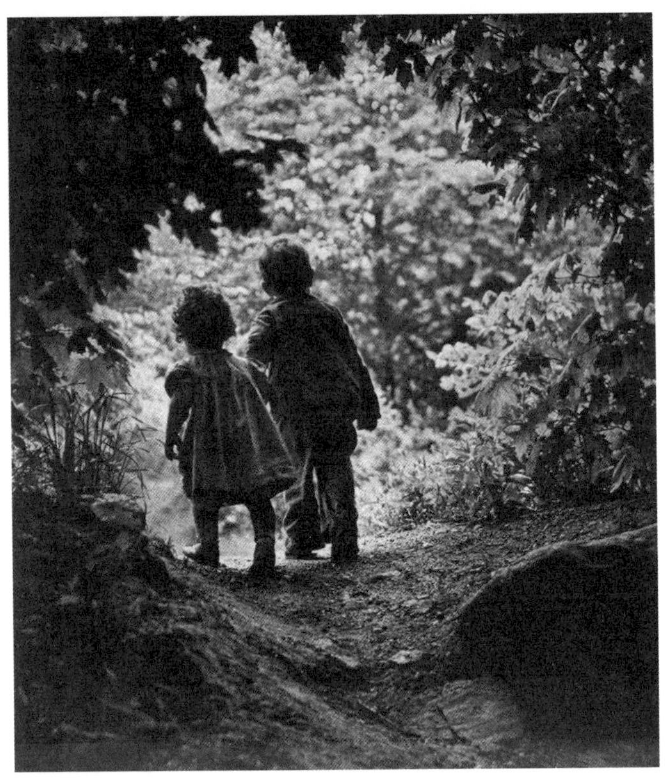

유진 스미스 1946
천국의 정원으로 가는 길Walk to Paradise Garden

동하던 그는 기업이 고용한 조직폭력배들의 청부 폭력으로 척추손상과 한쪽 눈이 실명되는 일까지 겪어야 했다. 이 일화는 지난해 헐리우드에서 '미나마타'라는 영화로 제작됐으며 조니 뎁이 주연을 맡아 일본의 극심한 반발에 부딪히기도 했다.

이처럼 여러 사례를 들 것도 없이 사진은 최전선에서 현실을 가리키며 고발하는 책무를 져 왔다. 이미지 과잉의 시대라고들 하지만 리포터로서 위기의 사이렌을 울리는 일은 지금도 앞으로도 당연히 사진 역할의 앞자리를 차지할 것이다.

그런 한편 우리가 겪고 있는 전대미문의 이 전 지구적 위기 상황을 돌아다보며 인간 내면의 고통이 우리를 둘러싼 이 세계에 투영된 것은 아닌가 다시금 생각하게 된다.

무엇이 우리를 위기에서 구할 것인가? 무엇이 우리의 이웃 생명체와 우리의 집인 지구가 다급히 내는 소리에 응답하게 할까?

유진 스미스 1972
'목욕하는 도모꼬'. 사진 속의 도모꼬는 수은에 중독된 어머니로 인해 태어날 때부터 미나마타병을 가지고 있었으며, 1976년 21살의 나이로 죽었다.

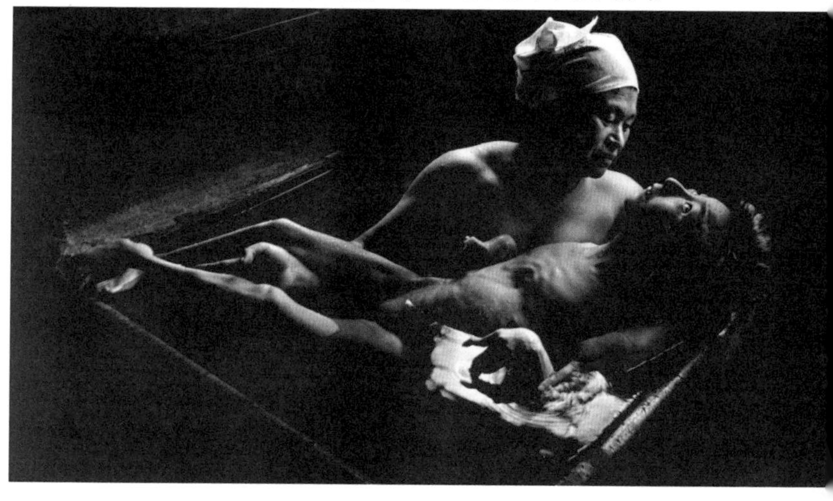

그리스 사람들은 그저 의미 없이 흘러가는 시간을 크로노스 Chronos, 특별한 의미가 담긴 시간을 카이로스 Kairos라고 구분했다. 시간을 잘라내 빛으로 묶어두는 사진가들은 크로노스를 카이로스로 만드는 사람들이다.

인류가 속한 이 세계의 의미를 다시 부여하는 것, 사랑과 연대가 만들어내는 경이의 순간을 더 많이 경험하게 하는 것. 여기가 출발점이면 어떨까? 사랑하는 자들만이 더 오래 살아남을 테니까.

공동의 집 ‘지구’와 우리가
겪고 있는 위기를 해결하기 위해
어느 때보다 ‘함께’가야 한다는
많은 목소리들을 듣는다.
그 목소리가 제시하는 길은
연대의 길이다.
억만장자가 화성으로 이주를
준비하는 것에 모든 것을 맡겨둘
수만은 없으니
여기 이곳의 문제를 해결하기 위해
머리를 맞대고 실천적인 방안을
강구해야 하는 때인 것이다.

임희숙

2008년 부산일보 신춘문예에 단편소설「난쟁이의 꿈」이 당선되어 등단하였다. 2015년부터 2018년까지 부산소설가협회 사무국장을 지냈으며 현재는 동아대학교 한국어문학과에서 강의를 맡고 있다. 저서로는 『길 위에서 부산을 보다』『버스타고 부산을 만나다』『감천문화마을 산책』「소설 부산」등이 있다.

비정非情한 균형과 평등[1]

호박 덩굴이 기운을 잃어간다. 잎끝이 누렇게 시들고 줄기도 피실피실 마른다. 그런데 꽃만은 맹렬하게 핀다. 제 몸도 이기지 못할 것처럼 기력을 잃어가는 넝쿨에겐 꽃 한 송이도 버거워 보인다. 그러거나 말거나 흐드러지게 핀 호박꽃은 햇살을 받아 눈부시다. 지난여름 장마에 미처 피지 못했던 꽃은 제 몫의 시간을 다하려는 듯 밭 한가운데서 요염하다.

사실 호박은 봄에 심어 여름 한 철 열매를 맺고 가을이면 시들기 시작한다. 잎과 줄기가 자라고 꽃이 펴야만 열매를 맺는 호박과 달리 봄 작물은 꽃을 먼저 피우고 잎이 난 뒤 초여름에 열매를 맺는다. 봄에 꽃을 피우는 대표 과실인 매실 역시 꽃을 먼저 피우고 잎이 난다. 그리고 잎과 잎 사이 꽃자리에 열매가 맺히고 초여름에 열매를 수확한다. 산수유도 벚나무도 진달래도 매실처럼 꽃을 피우고 잎을 내고 열매를 익힌 뒤 가을이면 시든다.

1 본 글은 졸저 『박경리 『토지』 창작방법론 연구』 1장을 토대로 작성하였음.

이처럼 자연의 생명들은 제게 주어진 시간을 어기지 않는다. 온도와 바람이 적당하지 않아 꽃을 피우지 못한 호박은 헛꽃일지언정 제 몫의 꽃을 피운다. 열매를 매달지 못하지만 묵묵히 제 일을 해 내는 호박꽃을 보며 한 치의 어긋남도 없는 생명의 균형을 생각한다.

사계절의 어김없는 등장, 수순에 맞는 꽃의 개화, 때가 되면 완성되는 열매. 이 모든 것은 자연의 생명이 제때를 알고 있기 때문에 가능한 일일 것이다. 결국, 생명의 균형은 성실함에 기반 한 듯하다. 인간의 기준으로 본다면 생명의 성실함은 선善 혹은 옳음是에 해당할 수 있다. 그런데 선善이나 옳음是이라 생각되는 생명의 균형은 비정非情하다는 것이 문제다.

자연에서는 선善하거나 옳다是해서 살아남는 것이 아니다. 또, 악惡이라서, 옳지 않아서 생명을 잃지도 않는다. 새끼나 새순이 무참히 희생당하기도 하고 몸집 큰 개체가 작고 여린 개체를 순식간에 해하기도 한다. 그런가 하면 자연재해로 생명을 잃거나 살아남는다. 인간의 개입은 또 어떤가. 생태계 최상위 포식자인 인간으로 인해 사라지지 않아도 될 생명이 사라졌고 사라져가고 있다. 그렇다면 생명의 생사여탈은 어떤 기준으로 선별되는 것일까.

안타깝게도 그 기준을 알기란 쉽지 않다. 왜냐하면 이

와 같은 생사生死의 결정은 무작위無作爲적이기 때문이다. 생명에게 있어 무작위란 설명할 수도 이해되지도 않는 것이다. 제비뽑기처럼 선택에 의한 우연의 산물인 경우도 있고, 아무런 인과관계가 없이 그저 그렇게 되어버리는 경우도 있다. 양 갈래 길에서 어느 한쪽을 택한 너구리가 달려오는 자동차에 죽임을 당하고 폭우로 인한 산사태가 오소리 굴을 덮쳤다면 그 너구리와 오소리는 왜 그러한 죽음에 도달하게 되는 것일까. 설명되지 않는 자연 상태의 생사여탈이란 대단히 모순矛盾적이다.

인간의 논리로 이해할 수 없는 자연 상태의 모순은 대립으로 유지되고 있다. 어떤 생명은 죽어 사라지고 어떤 생명은 살아 존재한다. 그러나 그 사라짐과 존재라는 대립된 상태는 무작위적인 선택으로 결정되며 이 결정이 모순이라는 상황을 만드는 것이라 할 수 있다.

결국 자연에서의 생사여탈은 무작위로 결정되기 때문에 생명이란 모순된 대립 상태가 유지되며 생명은 균형 있게 존재한다. 하지만 이 균형은 비정하면서 평등하다. 설명할 수 없는 모순 상태로 유지된 비정한 균형은 평등이라는 결과를 낳는다. 자연의 생명은 비정한 균형을 토대로 평등하게 공존한다. 생명은 아름답지만 힘들고, 고귀하지만 미천하다. 그리고 시작과 끝을 알 수 없어 비극적이나 존재할 수 있어 축복이다. 자연에 존재하는 모든 생명은 비극이며 축

복인 모순된 대립 상태에 놓여 있다. 대립되는 모순 상태에 의해 만들어진 균형은 또 무작위적이어서 평등하다. 그리고 이 비정한 균형과 무작위적이라는 평등으로 인해 생명은 유지된다.

비정한 균형을 유지하는 자연의 생명과 인간의 삶은 똑같이 닮아 있다. 어쩌면 당연한 일일 것이다. 인간은 자연으로부터 독립된 개체가 아니기 때문이다. 자연의 일부로서 생을 이어가는 인간 역시 모순된 대립 상태에 놓여 있지만 평등하지 않다. 우연으로 태어난 생명이지만 그 결과는 사뭇 다르다. 누구는 고귀한 혈통으로 태어나고 누군가는 평범한 환경에 태어난다. 그리고 그 환경으로 인해 삶의 방식이나 결과가 달라진다.

어떤 이는 태어날 때부터 먹거리를 가득 갖고 태어나 굶주림을 모르고 어떤 이는 맨몸으로 태어나 평생 허기진 배를 채우기 위해 최선을 다해야만 한다. 누구는 고귀한 혈통이라 귀하고 귀한 삶을 영위하고 누군가는 평범한 환경에 태어나 그저 그런 삶을 산다. 그들 모두에게 평등하게 주어지는 것은 죽음뿐이다. 그러나 그 죽음의 과정과 결과는 평등하지 못하다. 누군가로부터 보살핌을 받는 이가 있는가 하면 병든 몸을 스스로 보살피기 위해 병석에 눕지 못하는 이도 있다. 죽어 흙이 된 뒤에도 안장되어 가족의 기림을 받는 이가 있는가 하면 기억하는 이 하나 없이 쓸쓸히 사라지는 이도 있다.

자연의 생명이 비정한 균형을 유지하며 평등하다면 인간의 삶은 모순된 대립 상태만 있을 뿐 평등하지 못하다. 어쩌면 인간 삶의 모순된 대립 상태라는 것이 더 모순적일 수 있다. 무작위로 선택된 모순 상황, 자연의 생명은 그것을 비정한 균형으로 이어가며 평등 상태를 유지하지만 인간은 그 비정한 균형을 깸으로써 불평등 상태를 이어가고 있는 것이다. 인간은 지능을 이용해 자연 상태의 생명에게 주어진 비정한 균형을 깨 버렸다. 스스로 고귀한 존재가 되어버린 인간은 생명 유지뿐 아니라 인간 쾌락을 위해서도 자연의 균형을 깨부수고 있다. 결국 인간이 만든 불평등으로 인해 수많은 생명들이 이유도 모른 채 사라지고 있는 것이다.

이와 같은 인간의 문제를 냉철한 시선으로 바라본 이가 있다. 그는 바로 소설 『토지』의 작가 박경리다. 작가 박경리는 인간 역시 자연에 일부일 뿐이며 비정한 균형 상태에 놓인 생명이라 말한다. 작가 박경리는 그의 작품 『토지』의 등장인물과 사건을 통해 인간이 만들어 놓은 불평과 독존獨存을 평등과 공존으로 대체한다.

박경리는 "모든 살아 있는 것들은 제각기의 분위기, 표정을 지니면서, 또 살아 있는 것들이 군집한 산들로 각기 독특한 제 표정을 지니면서 숨 쉬고 있었다. 새삼스러운 일도 아니지만 살아 있다는 것은 아름답다. 살아 있다는 것에 대한 인식 이상의 진실은 없다. 그래서 우리는 고통까지 껴안으며 살아가는 것인지 모르겠다."[2]고 말한다.

박경리가 생명을 아름답다 말하는 이유는 능동성 때문이다. 능동성이란 스스로 움직이는 것을 말하며 움직이지 않는 것은 생명이 아니다.[3] 생명의 능동성은 본능이라는 특성으로 드러난다. 본능의 실체는 알 수 없다. 그렇게 주어진 것이며 그렇게 행해지는 것이다. 결국 본능이란 실존할 뿐이다. 작가 박경리는 이러한 생명관을 소설 속에 구현하고 있다. 그 역시 인간을 자연에 존재하는 하나에 생명에 불과하며 비정한 균형 위에 놓여 있는 것이라 파악한다.

작가의 이러한 세계관은 『토지』 속 인물에게 부여된 운명과 사건으로 구체화된다. 소설 속 인물의 운명은 작가에 의해 결정되는 것 **자연에게 주어진 생명의 운명과 같은 것이라 할 수 있다.** 이다. 인물은 작가로부터 부여받은 성격과 배경을 토대로 자신에게 주어진 운명을 살아가게 된다.

『토지』의 인물들은 수많은 사건에 직면한다. 그런데 이 사건은 무작위적으로 일어난다. 고귀한 혈통으로 태어난 윤씨 부인이나 서희뿐 아니라 노비로 태어난 귀녀나 수동, 농

---

2 박경리, 『생명의 아픔』, 마로니에북스, 2016, 10쪽

3 임회숙, 『박경리 『토지』 창작 방법론 연구』, 2021, 24쪽

부의 삶을 살아가는 이용이나 임이네와 같은 인물 모두에게 무작위적인 사건이 들이닥친다.

남편의 극락왕생을 기원하다 김개주에게 겁탈당해 김환을 낳는 윤 씨 부인. 별당 아씨를 찾아 헤매다 귀녀 일당에게 살해당하는 최치수. 어느 날 갑자기 불어닥친 역병으로 고아가 된 서희. 이용의 마음을 잡기 위해 아이 갖기를 열망하지만 역병으로 죽는 강청댁. 무녀의 딸로 태어나 외롭고 쓸쓸한 삶을 살다 간 월선. 살인을 저지른 죄인의 아낙이었지만 이용의 아들을 낳는 임이네. 조준구에게 겁탈당한 후 삼수와 혼인하지만 아이를 잃고 정신 이상을 앓게 된 삼월. 양반이지만 장애를 안고 태어난 조병수. 평민이었지만 자신의 욕망과 타고난 재능의 기운을 이기지 못해 스스로 기생이 되는 봉순. 조국을 위해 아이도 내려놓는 유인실.

인물들에게 벌어지는 사건은 지위고하를 막론하고 무작위로 벌어진다. 양반이라 하여 편안하고 안락한 것이 아니며 평민이라 하여 불행한 것이 아니다. 선하다고 살아남고 악하다고 고통스러운 죽음을 맞이하지도 않는다. 죄를 지어도 천수를 누리고 선을 행해도 요절한다.

손이 귀한 최 참판 가는 많은 재물이 있다. 곱추인 조병수는 예술적 심미안을 갖고 태어났다. 자신의 신분을 알지 못하는 길상은 지혜롭다. 어머니에게 버림받은 김환은 별당 아씨와의 절절한 사랑을 가슴에 담는다. 아름다운 미모와 재능을 가진 봉순은 자신의 마음을 다잡지 못해 스스로 생을 마감한다. 혈혈단신이었던 서희는 길상과 사이에서 아들 둘을 얻는다. 이처럼 인물 모두는 모순된 대립 상황을 살아가야만 한다.

모든 인물에게 무작위로 주어진 신분이야말로 비정함을 보여주는 대표적 사례라 할 수 있다. 태어나면서부터 노비인 귀녀와 수동은 세상을 향한 분노와 신분 상승에 대한 꿈을 버리지 못한다. 몸을 숨기기 위해 백정의 딸과 결혼 한 송관수는 신분 차별에 분노한다. 송영광은 백정이라는 신분으로 인해 사랑에 실패한 후 방황한다.

이러한 인물들의 운명과 사건을 통해 확인할 수 있는 것은 인간 역시 자연 상태에 존재하는 생명이라는 것이다. 그리고 작가 박경리는 이러한 인간의 특성을 소설 속에 구현하고 있다고 할 수 있다. 그는 모든 사물은 모순 위에 존재하며 바로 그것이 균형이라고 말한다. 그리고 그는 불과 물은 다 같이 있어야지 어느 한쪽의 것만 있다면 절멸 상태에 놓일 것이라 주장한다.[4]

생명은 대립된 상태 안에서 균형을 유지하려 한다. 그리고 그 균형은 평등하기에 지속되는 것이다. 인간 역시 그 안에 존재하는 생명이다. 인간만이 자연의 비정한 균형을 거

---

4 박경리, 『생명의 아픔』, 마로니에북스, 2018, 144쪽.

부해서는 안 된다. 인간에게만 가치를 부여하고 인간만을 귀하게 여긴다면 자연의 균형은 깨져버리고 말 것이다. 비록 그 균형이 비정하다 할지라도 그 비정한 균형을 이룰 수 있는 것은 균형의 작동 원리가 평등이기 때문이다.

호박이 남은 힘을 다해 꽃을 피우는 것은 제게 주어진 시간을 다하기 위함일 것이다. 비록 열매 맺지 못하는 꽃을 피우는 모순된 시간을 견디고 있을지라도 호박은 그 시간을 견딘다. 그것이 호박에게 주어진 비정한 균형이다. 비정한 균형으로 유지되는 평등은 모든 생명에게 고루 주어진 것이다. 인간이라 하여 그 균형을 무시해서는 안 된다. 균형이 깨어지는 순간 질서는 무너지고 생명은 절멸하게 될 것이다. 인간도 예외일 수 없다.

배재국

현재 한국해양대학교 데이터사이언스 전공 교수로 재직 중이며, 전국 국공립대학 교수 노동조합 수석 부위원장을 맡고 있다. 2015년 시의나라 신인상으로 등단했다.

우리 함께, 이 우주

2021년 아프간

2021년 7월 미국의 아프간 철군 이후 불과 한 주일 만에 탈레반은 아프간의 수도 카불을 장악하였다. 분쟁 지역의 참혹함은 그 무렵 SNS를 통해 유포된 짧은 동영상을 통해 확인할 수 있었는데 영상 속에서는 열댓 명의 민간인들이 줄에 묶인 채 무릎을 꿇고 있었고 권총이나 연발 장총 등 제각각의 총기를 손에 든 동수의 평복 탈레반들이 그 뒤에서 있었다. 곧 탈레반들은 한 명씩 차례대로 묶인 사람들의 뒤통수를 향해 총기를 격발했는데 더러는 총알이 빗나갔는지 두세 발 연거푸 쏘는 경우도 있었다. 대여섯 명이 차례로 살해되는가 싶더니 어느 순간 죽을 사람과 이미 죽은 사람을 가릴 것 없이, 선홍색 선혈이 낭자한 가운데 무질서하고 무차별적인 난사가 시작되었다. 어지러운 군중들 사이로 흩어지는 사람들….

저들은 무슨 권리와 자격으로, 어떤 정의를 앞세워 방금까지 살아 펄떡이는 동류의 인간들을 저렇게 살해하는 것일까. 저 사람들의 맘속에도 저마다의 가족을 향한 따뜻한 애정이 숨 쉬고 있을까. 저들의 얼굴에도 저마다의 연인을 향한 부드러운 눈빛과 다정한 미소가 흐를까. 저들은 앞으로 어떤 세상, 어떤 삶을 살아가게 되는 걸까. 저토록 무자비한 폭력과 살인의 기억을 안고 어떤 행복과 어떤 평화, 어떤 공동체를 지향할 수 있을까.

대나무는 땅속 줄기로부터 옆으로 뻗어 마디에서 뿌리와 순을 틔움으로써 번식하고 생장한다. 서로 다른 개체로 보이는 두 대나무가 사실 땅속 뿌리를 공유하는 하나의 개체를 형성하고 있는 것이다. 비록 각각의 인간이 태생으로부터 스스로의 자아와 에고를 통해 확고한 하나의 개체성을 확립하지만 내외적 성장과 성찰을 통해 인류적 공동체성을 자각할 때 비로소 개체의 좁은 틀을 벗어나게 된다. 자신이 살해한 한 인간이 사실은 또 하나의 가족이고 친구이며 본질적으로 자아의 연속임을 깨닫게 될 때 그는 얼마나 황망하며 무참히 부끄러울 것인가.

대자연의 경외

강퍅한 인간 사회의 생존 투쟁과 번잡한 세속성 안에서 지쳐갈 때 때때로 우리는 대자연이 우리에게 예기치 않은 위로와 치유가 되었던 경험을 가지고 있다. 무심코 바라본 하늘과 땅, 봄 냄새 피어나는 산과 아스라한 수평선의 바다는 불현듯 잃어버린 동심을 불러일으키며 유년의 순수를 일깨운다. 어느 가을 추석을 쇠러 간 시골집, 보석처럼 빛나는 별들이 쏟아지던 밤하늘의 추억을 잊지 못한다.

옛사람들은 밤하늘의 달과 별을 보며 어떤 생각을 하였을까? 까마득히 먼 별, 닿을 수 없는 저 빛나는 것이 무엇인지, 견딜 수 없는 그 궁금증을 어떻게 달랬을까? 나는 현대문명에 대해 그것이 가져다준 그 모든 편의와 이기보다도 이 광막하기 짝이 없는 우주에 대한 발견과 이해의 선사에 더욱 감사한다.

인류의 문명이 밝힌 우주에 대한 과학적 사실에 접할 때 가장 먼저 놀라게 되는 것은 참으로 가늠하기조차 어려운 우주 공간의 그 어마어마한 크기이다. 현재 우주의 가장 먼 별과 은하는 140억 광년의 거리에서 빛을 보내오고 있지만 그 빛은 이미 140억 년 전의 빛이므로 현재의 그 은하는 300억 광년 이상 먼 거리에 있다고 보아야 할 것이다. 눈 깜짝할 사이에 지구를 일곱 바퀴 반을 돈다는 그 빠른 빛의 속력으로 300억 년을 달려야 도달할 수 있는 거리라는 게 도무지 상상할 수가 있는 거리일까? 상상이란 사실 시각적 이미지에 의존하고 있다. 아득히 먼 거리를 상상할 때 우리는 무의식중에 높은 산에서 바라본 아스라한 산맥들이라든가 먼 바다의 가물가물한 수평선 등의 이미지를 떠올리게 된다. 그러나 우주적 규모의 거리나 크기에 있어서 이러한 이미지적 상상은 터무니없을 만큼 부적절하다. 이런 경우는 오히려 수학적/논리적 추론이 더 적절할 수 있는데, 말하자면 지구를 좁쌀만 한 크기로 축소했을 때 지름 140억 광년의 우주 공간의 크기는 얼마일지 계산해 보는 것이다. 좁쌀의 지름을 1㎜로 잡을 때 간단한 비례식에 따라 계산하면 우주 공간의 지름은 대략 1광년, 즉 10조 ㎞에 이르는데 이 크기는 거의 태양계 전체의 10만 배에 해당한다. 이 무지막지한 우주의 크기를 실감하기 위해서는 이러한 수치의 비례적 의미를 추론적 의지로써 깊이 명상해 보아야 한다. 우주를 생각할 때 나는 언제나 가슴이 저민다. 자아의 왜소와 우주의 경외 앞에 옷깃을 여미는 겸손과 생명에의 찬탄과 사랑이 가만히 번진다. 그리고 맘속으로 되뇐다. "아, 하느님은 어쩌자고 우리의 우주를 이토록, 가닿을 상상조차 할 수 없도록 크게 만드셨을까?"

우주의 비국소성

과학이 밝힌 우주, 이 대자연의 신비한 현상 중 내게 가장 큰 놀라움을 안겨 준 것은 우주 공간의 '비국소성'이다. '국소성 locality'이란 쉽게 말해서 공간적으로 분리된 A와 B, 두 장소는 각기 그곳의 국소적 정보를 어떠한 방법으로든 전달하지 않는 한 결코 서로 공유할 수 없다는 것을 말한다. 뉴욕에서 일어난 사건을 뉴스나 인터넷 매체 또는 통화 등의 방법으로 전달받지 않고서 서울에서 알 수는 없는 법이니 사실 이것은 우리의 상식에 매우 부합할 뿐만 아니라, 현대 과학의 양자론 이전에는 그 누구도 의심한 적이 없는 성질이라 할 수 있다. 1927년 한 입자의 정확한 위치와 정확한 속도는 '근원적으로' 동시에 측정될 수 없다는 하이젠베르크의 '불확정성 원리'가 발표되었을 때, 닐스 보어를 필두로 한 코펜하겐 학파는 이 원리가 우주의 기본적 특성이라고 옹호한 반면 아인슈타인 학파는 불완전한 이론이라 주장하였다. 여기서 '근원적으로' 동시에 측정하는 것이 불가능하다는 말은, 그것이 실험 장치의 오차나 관측 장비의 미비 때문이 아니라 위치와 속도가 각각 따로 관측할 때는 정확한 정보를 얻을 수 있지만 그 두 물리량이 동시에 실재하지는 않는다는 의미이다. 하나의 공이 두 개의 상자 중 어느 하나에 들어 있다고 가정할 때, 각 상자를 열어 확인하기 전에는 어느 상자든 공이 그 안에 들어 있을 확률은 1/2이라고 할 수 있다. 그러나 상자를 열어 확인하는 순간 공이 들어 있는 확률은 0이거나 1이다. 확인하기 전 확률이 1/2인 것은 우리의 정보가 불완전하기 때문이지 우리가 인지하지 못하는 방법으로 공이 두 상자 사이를 유령처럼 끊임없이 오가기 때문이 아니지 않는가? 이것이 아인슈타인 학파 주장의 핵심이었고 이것을 사고 실험으로 논증한 것이 소위 'EPR-역설'로 세 사람의 물리학자 아인슈타인 Einstein, 포돌스키 Podolsky, 로젠 Rosen 이 발표한 1935년 논문이다. 입자 물리학에서는 하나의 입자가 감마선 등의 상호작용에 의해 두 개의 입자로 분리되는 현상이 드물지 않다. 이때 분리된 두 개의 입자는 정확히 서로 반대의 물리량을 가지게 되는데 말하자면 분리 지점으로부터 정확히 서로 정반대의 속도와 정반대의 위치에 있게 된다는 것이다. 두 개의 입자 가운데 하나를 '라' 입자라고 하고 다른 하나를 '몬' 입자라고 명명해 보자. '라' 입자는 위치를 정확히 관측하고 '몬' 입자는 속도를 정확히 관측함으로써 두 입자의 위치와 속도를 모두 정확히 관측할 수 있지 않느냐는 것이다. 이에 대해 코펜하겐 학파는, 라몬 입자는 서로 '양자적 얽힘' 현상에 의해 '라' 입자의 위치를 측정할 때 이미 '몬' 입자에 영향을 미치게 되고 '몬' 입자의 속도 관측 시에도 마찬가지라고 반박하였다. 이 얽힘에 의한 두 입자 간의 간섭 현상은 두 입자가 얼마나 멀리 떨어져 있든 상관없이 작동한다는 것인데, 아인슈타인은 이 주장이, 정보의 전달이 빛의 속도 보다 빠를 수 없다는 자신의 특수상대성 이론과 공간의 국소성을 부정하는 터무니없는 것이라고 힐난하였다.

아, 존 벨의 조종弔鐘

입자의 물리적 성질에는 '스핀'이라는 것이 있다. 입자를 지구와 같은 회전하는 구체 모양으로 상상해 보자. 구체는 하나의 회전축을 가질 뿐이지만 입자의 스핀 현상은 그와는 다르게 임의의 축에 대해 업 스핀 up-spin 을 갖거나 다운 스핀 down-spin 을 갖는다. 이때 양자적 얽힘 상태에 있는 라몬 입자는 반드시 서로 반대의 스핀을 갖게 된다. EPR-논쟁을 스핀 버전으로 말하자면, 아인슈타인 학파의 주장은 두 입자가 분리될 때 마치 왼쪽과 오른쪽이 이미 결정지어진 한 쌍의 장갑처럼 업과 다운이 결정된 상태로 분리된다는 것이고 코펜하겐 학파의 주장은 관측하기 전에는 업다운이 모호하게 중첩된, 결정되지 않은 상태로 있다가 관측과 동시에 결정된다는 것이다. 후자의 주장이 옳다면 이는 실로 충격적인 일이다. 가령 라몬 입자가 분리되어 서로 1억 광년 이상 떨어져 있다 해도 지금 내가 여기서 실행하는 '라' 입자의 업 스핀 관측 확인 행위가 1억 광년 거리의 '몬' 입자에게 즉시적인 영향을 미쳐 다운 스핀을 가질 수밖에 없도록 만든다는 게 아닌가! 다시 말하자면 이는 거의 무한히 멀리 떨어진 두 공간의 국소성이 깨어지고 모종의 연결 고리가 확인된다는 것이다. 이것을 우리는 우주의 비국소적 성질이라고 부른다. 그러나 과연 입자의 스핀이 관측 전에 결정되어 있는지 관측과 동시에 결정되는지, 도무지 그것을 누가 알 수 있겠는가? 양자론의 기본적 속성에 관한 양 학파의 서로 다른 이 주장은 세월을 두고 무수한 이들의 상상과 논쟁을 자극하였다. 서로의 주장만을 남긴 채 1955년 아인슈타인이 세상을 떠났고 1962년 닐스 보어도 영면하면서 양자론 1세대가 저물었다. 이들이 역사의 뒤편으로 사라지면서 그들의 주장도 함께 사라지는 듯하였으나 1964년 존 벨이라는 물리학자가 양 학파의 주장을 실험적으로 검증해 볼 수 있는 아이디어를 발표하였다. 'EPR 역설에 대하여'라는 제목의 논문에서 벨은 EPR 논문에서 말하는 양자론의 모순을 확인할 수 있는 실험이 가능하다는 걸 수학적으로 증명했다. 그의 실험 고안은 매우 단순하지만, 수많은 학자들로부터 역사상 가장 창의적인 아이디어 중의 하나로 높은 평가를 받게 된다. 관심 있는 독자를 위해 존 벨의 검증 아이디어를 부록으로 덧붙인다. 수년 뒤 몇몇 실험 물리학자들이 이 실험을 설계했고 마침내 오랜 논쟁의 EPR 역설이 검증된다. 그리고 결론적으로 놀랍게도 아인슈타인이 틀렸으며 불가사의한 우주의 비국소성을 함의하는 양자론이 옳았다는 결정적인 실험 결과가 1982년 발표되었다. 사실 존 벨은 아인슈타인의 주장이 옳다는 것을 확신하면서 그를 뒷받침하기 위한 실험을 고안한 것이었지만 그것은 오히려 EPR 역설에 조종을 울리는 아이러니한 결과를 낳고 말았다.

시인의 영감은 비국소적인가?

한 여성 시인의 에세이집을 읽은 적이 있다. 거기에는 그 시인과 그의 연인에 대한 가슴 아픈 일화들이 소개되고 있었다. 범상한 일상의 어느 한순간 시인의 가슴에 '쿵' 하는 충격과 함께 예리한 애상이 지나가는데 불현듯 그 시인은 자기의 연인이 가장 심려하던 일, 곧 그 연인의 어머니의 죽음을 직감하였다. 에세이는 며칠 후 연인을 만나 확인하니 일시가 정확하였음을 기록하고 있었다. 그 죽음의 정보는 어떤 경로를 통해 시인에게 전달되었을까? 그 영감의 전달 속도는 과연 빛의 속도보다 빠를 수 없었을까? 오히려 두 연인은 모종의 '라몬 입자'를 공유하였고 어머니의 죽음의 순간 하나의 입자가 자신의 스핀을 확정하며 자신의 쌍대 입자의 스핀을 결정함으로써 시인의 영감을 촉발하지는 않았을까?

라몬 입자는 왜 자신의 쌍대 입자만이 얽힘의 대상일까? 그 외의 다른 입자는 그에게 아무것도 아닌 것일까? 오히려 쌍대 입자는 다른 모든 입자들의 대표성을 함의하고 있는 것이 아닐까? 그리하여 사실은 모든 입자들이 서로 얽혀 있음을, 이 우주는 사실은 하나의 고리 안에 자유로이 독립한 개체들의 향연임을 웅변하고 있는 것이 아닐까?

나의 라몬에는 연전에 소천하신 어머니와 연초年初 작고한 벗이 있다. 그들은 내 맘속 하늘의 별이 되었다. 그 별로부터 그들은 무시로 라몬의 스핀 정보를 노타임으로 보내온다. 그것이 그들을 잃은 슬픔으로부터 나를 건져낸다. 그리고 알려준다. 세상은 모두 나의 라몬임을, 우리 함께 하는 이 우주의 환한 고리, 그 환희를.

※ 부록

라몬 입자는 임의의 축에 대해 서로 반대의 스핀을 갖지만 논의를 좀 더 간명하게 하기 위해서 서로 동일한 스핀을 갖는다고 가정하자. 이제 세 개의 축, 편의상 x축, y축, z축을 생각하고 이 중의 하나를 무작위로 선택하여 스핀을 관측할 것이다. 많은 양의 라몬 입자 쌍들에 대해 관측자 A는 '라' 입자에 대해 세 축 중 하나를 무작위로 선택하여 스핀을 조사하고, 관측자 B는 '몬' 입자에 대해 A와는 무관하게 역시 세 축 중 하나를 무작위로 선택하여 스핀을 조사한다고 하자. 라몬 입자 쌍에 번호를 부여하여 1번 라몬 쌍, 2번 라몬 쌍, …, 이런 식으로 상당량의 라몬 쌍에 대해 스핀을 조사할 것이다. 이제 (1) 스핀이 결정된 상태가 아니라 관측 시 무작위로 결정된다고 가정할 때 두 관측자가 동일한 스핀을 관측할 확률과, (2) 스핀이 이미 결정된 상태라고 가정할 때 두 두 관측자가 동일한 스핀을 관측할 확률을 비교해 보자는 것이다. 존 벨의 계산으로는 이 확률이 서로 다르다는 것이고, 그러면 실제 실험을 통해 어느 가정이 맞는지 확인할 수 있는 것이다.

이 확률에 어떻게 다른지 살펴보자. 한 쌍의 라몬 입자에 대해 두 관측자가 선택하는 축의 가능한 조합은 (A의 선택축, B의 선택축)으로 표현할 때 (x, x), (x, y), (x, z), (y, x), (y, y), (y,z), (z, x), (z, y), (z, z)의 아홉 가지이다.

(1) 먼저 스핀이 결정된 상태가 아니고 관측 시 무작위로 결정된다고 가정해 보자.

이때 각각의 조합에 대해 있을 수 있는 업 스핀(U)과 다운 스핀(D)의 조합은 다음과 같다.

(x, x) - (U, U), (D, D)

(x, y) - (U, U), (U, D), (D, U), (D, D)

(x, z)) - (U, U), (U, D), (D, U), (D, D)

(y, x) - (U, U), (U, D), (D, U), (D, D)

(y, y) - (U, U), (D, D)

(y,z)) - (U, U), (U, D), (D, U), (D, D

(z, x) - (U, U), (U, D), (D, U), (D, D

(z, y) - (U, U), (U, D), (D, U), (D, D)

(z, z) - (U, U), (D, D)

이상 업-다운의 전체 조합의 개수는 30개이고 그 중 동일한 스핀을 갖는 조합의 수는 18개이므로 A, B 관측자가 동일한 스핀을 관측할 확률은 18/30 = 9/15 = 3/5이다.

(2) 다음으로 각 축에 대한 업-다운이 이미 결정되어 있다고 가정해 보자.

이때 (x축, y축, z축)에 대해 결정된 업-다운의 조합은 (U, U, U), (U, U, D), (U, D, U), (U, D, D), (D, U, U), (D, U, D), (D, D, U), (D, D, D)의 여덟 가지 조합이 있을 수 있다. 이 업-다운의 각 조합에 대해 두 관측자가 선택하는 축의 아홉 가지 조합 (x, x), (x, y), (x, z), (y, x), (y, y), (y, z), (z, x), (z, y), (z, z) 에서 동일한 스핀이 나오는 경우가 전부 몇 개인지 세어야 한다. 일단 전체 조합의 수는 8×9 = 72개이다. 먼저 (U, U, U)나 (D, D, D)의 경우는 선택축의 아홉 가지 조합에서 당연히 모두 동일한 스핀을 관측하게 된다. 즉 2×9 = 18개의 동일한 스핀을 관측하는 경우이다. 나머지 여섯 개의 업-다운 조합 (U, U, D), (U, D, U), (U, D, D), (D, U, U), (D, U, D), (D, D, U)의 경우는 대칭성에 의해 같은 스핀을 관측하는 선택축의 조합 개수가 모두 동일하다. 따라서 하나의 업-다운 조합의 경우만 살펴보면 된다. 즉 (U, U, D)의 경우 같은 스핀을 관측하는 선택축의 조합은 (x, x), (x, y), (y, x), (y, y), (z, z)의 다섯 개다. 따라서 같은 스핀을 관측하는 선택축의 조합의 총 개수는 2×9 + 6×5 = 48개이다. 그러므로 각 축에 대한 업-다운이 이미 결정되어 있는 경우에 A, B 관측자가 동일한 스핀을 관측할 확률은 48/72 = 2/3 = 10/15이다. 이것은 앞 (1)의 경우의 확률 9/15보다 크다.

차윤석
자연, 건축의 가치,
그리고 프리츠커상

이한석
지구위기에
지속가능한
'바다 위 도시'를
향하여

김종기
그림 속의
자연 이야기

조재휘
근대 인간과
자연의 역운逆運

심상교
민속신앙 속
흐름과 멈춤

차윤석

부산대학교 도시공학과를 졸업하고 도시디자인을 공부하기 위해 베를린공과대학 건축학과로 유학해 학부와 석사 과정을 마쳤고 이후 여러 건축사무소에서 실무 경험을 쌓았다. 단독주택부터 대형 쇼핑몰까지 여러 스케일의 건축 작업과 아부다비 메트로 프로젝트, 카타르 루자일 경전철 프로젝트 등의 도시 스케일 작업에 참여했고 독일 건축사를 취득하였으며 귀국 후 동아대학교 건축학과 교수로 재직 중이다.

자연,
건축의 가치,
그리고
프리츠커상

잘 살아보세

아마도 미술시간이었던 것으로 기억된다. 80년대 초반 필자가 초등학교에 다닐 때, 잊을 만하면 나오던 숙제 중 하나가 포스터를 그리는 것이었다. 다들 책상에 바싹 붙어 앉아 고사리손으로 크레파스와 물감으로 열심히 무언가를 그렸던 기억이 생생하다. 하지만 그 당시 선생님이 내준 주제는 아이들 수준에는 맞지 않았던 것으로 기억한다. 무엇 때문인지 모르겠지만 당시 어렸던 필자의 기억 속에 가장 인상 깊게 남은 주제는 희한하게도 "둘도 많다"였고, 이 외에도 단골로 나왔던 주제는 "반공" "불조심" "쥐를 잡자" 그리고 "자연보호"등 이었다.

어린 나이에 뭐가 뭔지도 모르고 시키니까 하긴 했는데,

돌이켜 생각해 보면 나름 상당히 정치색이 강한 주제였던 것 같다. 당시의 정치적 프로파간다가 가졌던 영향력은 비단 어린이들뿐 아니라, 전 국민들이 지켜야 할 '신성불가침의 원리' 같은 것이기는 했다. 하긴 온 나라가 "잘 살아보세"라는 구호 아래, 선진국이란 목표를 향해 앞만 보고 달려가던 '경주마'같던 시절이니. 무언가를 짓고, 만드는 행위가 우리를 잘 살게 해 줄 것이라 믿어 의심치 않았으며, 그저 물질적으로 풍요롭게 먹고사는 것을 최고의 가치로 치던 시절이었다. 오늘날이라고 그렇게 많이 달라 보이진 않지만, 어떤 희생을 치르더라도 잘 먹고, 잘 살기 위해 앞만 보고 달려가던 시절이었던 것으로 기억된다.

80년대 초반 대한민국의 인구는 증가하고 집은 부족했다. 일단 먹고 살 수 있는 기반을 닦는 것에 집중할 수밖엔 없던 시절이었다. 60~70년대 압축성장기에 환경오염 문제가 대두되면서, 환경청을 설치하고, 다른 한편으로는 산을 깎고, 바다를 메워가며 집을 짓는 유례없는 건설 붐이 일어나는 아이러니한 상황이 일어났다.

땅은 좁고 사람들은 늘어나니, 자연스럽게 건물들은 커져야 했고, 높아질 수밖에 없었을 것이다. 이렇게 대한민국은 서서히 아파트와 부동산 공화국으로의 첫걸음을 내딛기 시작했다. 다들 아시다시피 당시 대부분의 사람들은 그러한 모습을 '발전'이라고 굳게 믿고 있었다. 그리고 그 아파트들 앞으로 초록색 쓰레기차들이 "잘 살아보세"를 외치며 지나가고 있었다.

자연과 건축?

먹고살기 바쁜 시절, 생존을 제외한 다른 모든 가치는 자연스레 뒤로 밀리기 마련이다. 항상 그렇듯이 바쁘게 살다 보면 잊어버리고 사는 것이 너무나 많다. 오늘 해야 할 일이 산더미처럼 쌓여있으면 다른 것들을 돌아볼 여유가 없다. 그저 하루하루 해야 할 일만 처리하는 것도 버겁게 느껴진다. 그러다 어느 날 문득 뒤를 돌아봤을 때, "아! 이러면 안 되는데. 내가 그땐 왜 그랬을까?"라며 후회하는 것이 어찌 보면 우리네 일상이기도 하다. '환경'이나 '자연'과 관련된 문제 또한 마찬가지다. 필자가 기억하기엔 90년대 초반까지만 해도 환경문제나 자연보호는 초등학교 도덕책에나 나오던 주제였고, '지구온난화'와 같은 문제는 우리의 생활과는 거리가 먼 이야기로 치부되었다.

그러다가 어느 순간 이런 문제들이 현실로 다가오기 시작하였다. 한참 먹고살기도 바빠 죽겠는데, 갑자기 '친환경 건축'을 하라고 한다. 지금까지 듣도 보도 못한 'Passive

House 패시브 하우스 '니, 'LID Low Impact Development : 저영향 개발' 등을 하라고 하니, 당황스럽지 않을 수 없다. 하지만 우리 현실과 맞든 맞지 않든 해야 할 것 같다. 그래야 우리도 '선진국'이 될 수 있으니까. 다 한다고 하니, 우리도 가만히 있을 순 없지 않겠는가? 따라서 건축 또한 가만히 앉아 있을 순 없게 되었다.

건축은 자연스러워야 하는가?

대부분의 건축가들이 "건축은 자연스러워야 한다."는 말에 동의할 것이다. 물론 필자도 이 말에 어느 정도는 동의한다. 무엇보다 우리네 정서상 인간은 자연의 일부이니, 인간 행위 중 하나인 건축은 자연스럽게 자연의 일부로 귀속되어야 할 것이다. 그렇다면 질문을 한번 해 보자. "건축은 과연 자연스러운 행위일까?" 세상 모든 일이 칼로 두부모 자르듯이 "예" "아니오"로 깔끔하게 답변할 수 있으면 좋으련만, 살면서 아직 그런 경우를 접한 적은 드물다. 그렇다면 이런 종류의 질문에는 전략적으로 직접적인 답변을 피하는 것이 현명하다.

그래야 한다, 하지만 그렇지 않다.

여기서 "그래야 한다"는 답변은 규범적 normative 이다. 인간 행위의 기원 중 대부분은 자연에서 찾을 수 있다. 앞서 언급한 것처럼 인간이 자연의 일부이니, 이는 어떻게 보면 지극히 당연한 일이다. 자연의 일부로서 자연스러운 행위를 하고, 자연과 함께 공존해야 한다. 이런 관점에서 보면 건축이라는 행위 또한 이 규범에서 벗어나기 힘들다. 이 글에서 다룰 환경 문제와 건축과 관계 또한 이러한 맥락에서 이해할 수 있다.

반면 "그렇지 않다"는 답변은 실증적 positive 이다. 이는 어떤 행위의 결과에 초점을 맞춘 답변이다. 왜냐하면 어떤 행위의 기원을 자연에서 찾을 수 있기 때문에, 그 행위의 결과가 자연스럽다고 이야기하는 것은 분명 무리가 있는 주장이기 때문이다. 결국, 따지고 보면 건축이란 행위는 아무리 주의를 기울여도 결과적으로 자연을 훼손하고 파괴하는 것이 아니던가? "건축이 자연스러운 행위인가요?"라는 질문 자체가 논리적으로 성립하지 않는 것은 아니지만, 이는 마치 "자연을 자연스럽게 파괴하는 방법이 무엇인가요?"라고 묻는 것처럼 어폐가 있다고 할 수 있을 것이다.

괴리

앞서 언급했던 '가치'와 '규범'을 정치의 영역이라 한다면, 실생활은 '실증'과 '실천'의 영역이다. 인간의 역사를 살펴보면 특히 개발의 시대에는 가치와 규범이 왜곡된다거나, 잘못 설정되는 일이 동서고금을 막론하고 비일비재하게 일어난다는 것을 발견하게 된다. 여기서 필자가 주목하는 점은 '가치'와 '규범', 그리고 '실천' 간의 '괴리'이다.

우리 건축의 현실을 한번 살펴보자. 여기서도 역시 앞서 논의된 것과 같은 질문을 할 수 있다.

우리의 건축이 지켜야 할 가치'와 '규범'이 있었는가?
그리고 그것들은 어떻게 '실천'되어 왔는가?

가치와 규범, 그리고 실천 간의 괴리는 비단 특정 분야가 아닌 우리 사회 전반에 걸친 문제로 건축 역시 이것으로부터 자유롭기는 힘들다. 특히 오늘날 우리의 도시와 건축을 규정하고 있는 물리적인 양식은 거의 한국전쟁 후 도입되었다고 할 수 있다. 물론 건축뿐 아니라 우리가 경험하고 있는 대부분이 이 당시 도입되었다고 보아도 과언이 아니다. 앞서 잠시 언급했듯이 일단은 생존을 위한 '무언가'를 만들어야 했고, 성장해야 했던 시절이다. '가치'와 '규범'에 관한 질문이나, 비판을 할 여유는 없었을 것이다. 사실 생존에 앞서는 가치는 굉장히 드물다.

그나마 이 '무언가'에 '건축'이라는 이름을 붙일 수 있었던 시기가 바로 소위 말하는 '1세대 건축가'라 불리는 이들이 등장한 이후이다. 정말 아무것도 없던 불모지에 건축적 기반을 닦은 분들임은 분명하다. 그들의 노력은 당연히 칭찬받아야 할 것이다. 하지만 그에 못지않은 많은 비판을 받는 것 또한 사실이다. 그들의 업적을 폄훼하고 싶은 생각은 추호도 없으나, 그렇다고 그들이 끼웠던 한국 현대건축의 첫 단추가 제대로 된 것이라고 평가하고 싶은 생각도 없다. 물론 그럴 수밖에 없던 시절이었다고 '자위'할 수도 있다. 하지만 그렇다고 해서 '1세대 건축'이 건축의 '가치'와 '규범'에 대해 제대로 규정하지 못하고, 건축을 일부의 전유물로 '사유화'시켰다는 점은 비판을 면하기 힘들 것이다. 더 심각한 문제는 여기서 시작된 혼란이 반세기가 훌쩍 넘은 아직까지도 현재 진행형이라는 점이다.

자연은 건축의 가치와 규범이 될 수 있는가?

앞서 살펴봤듯이 역시 “예” “아니오”로 대답하기 애매한 문제이다. 하지만 ‘규범적’인 입장이든, ‘실증적’인 입장이든 오늘날 건축이 이 문제에서 자유롭기는 힘들다.

언제부턴가 일기예보에는 미세먼지 농도가 당연한 듯이 자리를 차지했고, 뉴스를 틀 때마다 플라스틱 쓰레기 문제가 나온다. 빙하가 녹아서 이제 북극곰들이 살 곳이 없으니 기부를 하라고 하고, 10년 정도 지나면 해수면이 상승해서 땅에 붙어살기 힘드니 해상도시를 짓는다는 말도 나오고 있다. 어떤 보고서를 보면 건설에 사용되는 에너지가 지구 전체 에너지 소비의 약 40%에 해당한다고 한다. 이제 건축은 자신만의 특수성을 앞세워 ‘자연’과 ‘환경’을 무시하기는 힘든 시점에 도달한 것이다.

산업혁명 이후 거의 250년 넘는 시간을 개발과 발전을 외치면서 온 세상을 다 파헤쳐 놓다가, 갑자기 이삼십 년 전부터 전 세계가 자연을 보호하자니, 한편으로는 이해가 가면서도, 다른 한편으로는 이해하기 힘든 것도 사실이다. 또한 여기에 정말로 이러한 주장들이 단순히 자연과 환경을 보호하고, 다음 세대에게 좋은 환경을 남겨주자는 순수한 목적만을 가지고 있을까라는 의구심이 더해지는 순간, 이러한 주장은 음모론의 소용돌이 속으로 빠지게 된다.

인간의 왕래나 회합 및 집단 거주는 불이 발견된 것에서 비롯되었다고 할 수 있다. 이렇게 인간은 모여 살기 시작했다. 다른 동물과 달리 서서 걸을 수 있게 되었으므로 우주의 참모습을 바라볼 수 있었고, 손을 사용하여 도구를 다루게 됨에 따라 비로소 인간은 자신을 보호할 수 있는 안식처를 만들 수 있게 되었다. 어떤 사람은 나뭇잎으로 지붕을 잇기도 하였고, 또 누군가는 동굴을 파기도 하였다. 또 누군가는 제비집을 흉내 내어 주변을 진흙과 나뭇가지로 둘러 쌓기도 했다. 점점 다른 사람이 지은 집들을 보면서 새로운 방식을 발견했고, 점차 집의 형식이 발달하게 되었다.

건축십서 中

기원전 1세기경 로마의 건축가 비트루비우스의 '건축십서' 2권 내용 중 일부로 이 구절은 아주 다양하게 해설할 수 있다. 일단 위의 구절을 다시 한 번 천천히 읽어보자. 그리고 다음과 같은 질문을 해보자.

"당시 사람들은 어떻게 '집'처럼 보였던
구조물을 만들 생각을 했을까?"
"어떻게 나뭇잎을 엮을 생각을 했고,

제비집을 흉내 내어 무언가를 만들 생각을 했을까?"

여기에 대한 대답이 바로 서양 건축의 기저에 깔린 가장 핵심적인 개념이다. 그 대답은 생각보다 단순하다. 바로 **'모방'**이다. 논란의 여지가 있는 견해이긴 하지만, 한마디로 말하자면 건축은 자연을 **'모방'**하는 것에서 시작되었다고 해도 무방하다는 것이 필자의 개인적 견해이다. 물론 단순히 그냥 베끼는 것만을 의미하지 않는다는 것은 위의 글을 잘 읽어 보면 알 수 있다. 그리고 이러한 **'모방'**의 결과물이 바로 '자연'의 조형적 구성 원리를 적용한 건축과 도시이다. 조금 더 깊이 들어가자면, **'모방'**은 단순히 물리적 건조 환경을 구성하는 원리일 뿐 아니라, 서구 사회 전체를 지배하는 **'논리'**를 만들어 내는 출발점이 된다.

그렇다면 우리 전통 건축에는 '자연'이 배제 되었을까? 그렇지 않다. 단지 우리와 그들이 자연을 해석하고 적용하는 방식이 달랐을 뿐이다. 다만 흔히 알고 있듯이 동양은 자연에 순응하고, 조화를 추구하며, 서양은 자연을 정복 대상으로 삼는다는 것은 잘못된 선입견이다. 결국 양쪽 다 나름대로는 '자연'과의 **'조화'**를 추구하고자 노력한 것이다.

서양의 도시와 건축은 그 구성 원리에 있어 오랜 전통

을 가진 원리와 법칙이 있다. 그리고 이 원리와 법칙은 '자연'으로부터 시작되어 수천 년 동안 이어져 왔다는 것이다. '자연'의 현상을 '모방'을 통해서 '원칙'을 만들어내고, 이를 통해 오늘날 그들의 '건축적 기반'이 만들어졌다는 점이 중요하다.

그러면 프리츠커상은?

2010년대 중반에 들어오면서 프리츠커상은 여타 건축계의 상들과는 다른 전략을 선택했다. 물론 이러한 전략의 수정에는 한동안 건축계를 지배하던 '포스트모더니즘'에 대한 회의도 한몫했다. 단지 개별 건축물이 아닌 공공, 사회, 그리고 자연과 환경문제로 그 관심을 돌리고 있다. 건축이 지향해야 할 가치를 바꾸고, 넓힌 것이다. 이러한 '가치'들을 고려하지 않은 건축은 아무리 좋은 작품이라고 하더라도 수상에서 배제하겠다는 전략을 은연중에 표명한 것이다.

2017년 수상자인 Rafael Aranda 라파엘 아란다, Carme Pigem 카르메 피젬, Ramon Vilalta 라몬 빌라타 의 건축을 한번 살펴보자. Rafel Moneo 라파엘 모네오, 1996년 프리츠커상 수상자에 이어 스페인 출신으로 두 번째 프리츠커상 수상의 영예를 안은 건축가들이다. 그들은 풍경과 건축의 연결에 초점을 맞추고 있다. 주로 스페인 현지에 기반을 두고 건축을 펼쳐나갔으며, 재활용 강철과 플라스틱을 포함한 재료들을 창의적이고 과감하게 사용하여, 보편적인 정체성을 표현했다고 평가받고 있다. 이 건축가들이 사용하고 있는 사무실인 Barberí Laboratory는 20세기 초 주조공장으로 사용되었던 건물이다. 이들은 원래의 건물을 최대한 유지하면서, 최소한의 건축 행위를 통해 자신들의 작업 공간으로 탈바꿈시켰다. 그들의 디자인은 단순하다. 누군가에게는 저런 작품들이 프리츠커상을 받았다는 것이 이해되지 않을 정도로 단순하다. 하지만 그들의 대표작으로 꼽히는 Piedra Tosca Park 2004 나 Bell-lloc Winery 2007 와 같은 작품을 살펴보면, 그 단순함을 만들어내기 위해 얼마나 많은 고민을 했는지 여실히 보여준다. 물론 가끔은 그런 최소한의 행위조차 용납 못하는 분들도 있겠지만, 무조건 과거를 보존하거나, 아예 짓지 말자는 주장은 해답이 되기 힘들다. 적어도 이 세 명의 건축가들은 그들의 작업을 통해서 '자연'이냐, '건축'이냐의 이분법적 선택이 아닌, 이 둘의 조화를 추구하고 있다. 다시 말해, '건축'과 '자연'은 따로 존재할 수 없다는 가장 단순한 '가치'를 보여주기 위해 노력하고 있는 것이다.

Piedra Tosca Park
www.archdaily.com/806228/piedra-tosca-park-rcr-arquitectes/51ecb54ae8e44ee48a0000c4-piedra-tosca-park-rcr-arquitectes-image?next_project=no

Bell-lloc Winery
www.archdaily.com/536508/bell-lloc-winery-rcr-arquitectes/53c9d83cc07a805e08000298-bell-lloc-winery-rcr-arquitectes-photo

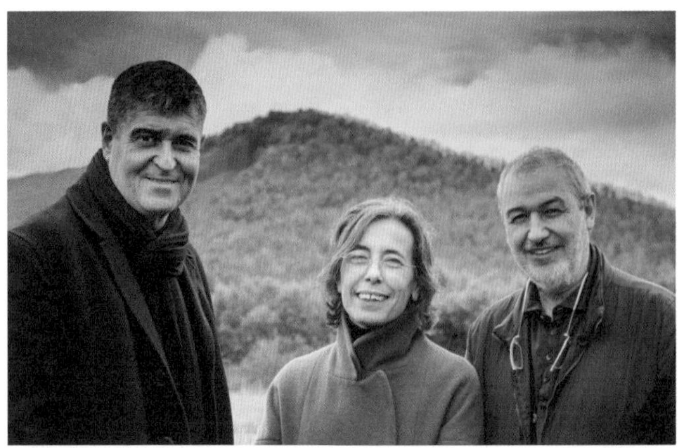

라파엘 아란다, 카르메 피젬, 라몬 빌라타 Rafael Aranda, Carme Pigem, Ramon Vilalta
www.archdaily.com/806200/2017-pritzker-prize-rcr-arquitectes-rafael-aranda-carme-pigem-ramon-vilalta/58b465bfe58ece0c490000b2-2017-pritzker-prize-rcr-arquitectes-rafael-aranda-carme-pigem-ramon-vilalta-image

안느 라카통과 장 필립 바살 Anne Lacaton, Jean-Philippe Vassal
www.archdaily.com/968428/the-pritzker-architecture-prize-releases-ceremony-video-honouring-the-2021-laureates-anne-lacaton-and-jean-philippe-vassal/61408d1cc5a0d71a331805f3-the-pritzker-architecture-prize-releases-ceremony-video-honouring-the-2021-laureates-anne-lacaton-and-jean-philippe-vassal-image

Transformation of 530 Dwellings
www.archdaily.com/968428/the-pritzker-architecture-prize-releases-ceremony-video-honouring-the-2021-laureates-anne-lacaton-and-jean-philippe-vassal/61407480c5a0d71a331805f1-the-pritzker-architecture-prize-releases-ceremony-video-honouring-the-2021-laureates-anne-lacaton-and-jean-philippe-vassal-photo

Anne Lacaton **안느 라카통** 과 Jean-Philippe Vassal **장 필립 바살** 은 올해 2021년 프리츠커상 수상자들이다. 이들은 주거환경을 개선하는 사회적 건축의 영역에서 두각을 드러낸 건축가들로 평가받는다. 1970년대 후반, 같이 사무실을 차린 후, 프랑스를 중심으로 유럽과 아프리카 등에서 주거용 건물과 공공시설의 리모델링 프로젝트에 주력해왔다. 이들의 건축적 원칙은 아주 단순하다. '기존 건물을 절대 파괴하지 않는다'는 원칙을 세우고, 새로운 재료와 기술을 접목하여 낡은 공공건축물이나 주택 등 거주 공간을 저렴한 비용으로 리모델링하는 것이 특징이다. 물론 이들의 디자인 또한 단순 명쾌하기 그지없다. 하지만 단순한 디자인을 통해 오래된 구조물과 새로운 구조물을 연결하고, 생태 발코니를 창안하는 등의 독창적 프로젝트를 지속하면서 시민 아파트와 문화예술 시설을 리모델링하는 창의적인 방식들을 개발했다는 평가를 받는다.

이들의 수상에 대한 심사평 중 다음과 같은 내용이 있다.

"The modernist hopes and dreams to improve the lives of many are reinvigorated through their work that responds to the climatic and ecological emergencies of our time, as well as social urgencies, particularly in the realm of urban housing. They accomplish this through a powerful sense of space and materials that creates architecture as strong in its forms as in its convictions, as transparent in its aesthetic as in its ethics,"

- 프리츠커상 홈페이지 발췌

오늘날 환경문제와 사회문제에 대한 해법을 높이 평가했으며, 이런 문제를 해결하기 위한 그들의 신념과 윤리에

FRAC Dunkerque
www.archdaily.com/621633/lacaton-and-vassal-s-lesson-in-building-modestly/5534fc2ce58ecee0080002f7-lacaton-and-vassal-s-lesson-in-building-modestly-photo?next_project=no

대해 언급하고 있다. 이 심사평을 다시 해석하자면, 자연과 건축, 그리고 환경문제는 단순한 기술적 문제가 아니다. 그리고 디자인의 문제는 더더욱 아니다. 이는 신념과 윤리의 문제이며, 앞서 필자가 언급했던, '가치'와 '규범', 그리고 '실천'과 그 궤를 같이하고 있다.

그렇다면 우리는?

불과 70년 만에 아무것도 없던 불모지에서 오늘날 우리가 누리고 있는, 건축적 성과를 이루어내었다는 사실은 충분히 칭찬받아 마땅하다. 하지만 냉정하게 돌아보면, 반드시 좋은 결과만 있었던 것도 아니다. 분명 과거에 비해 건축을 비롯한 모든 것이 어떤 식으로든 좋아진 것도 사실이지만, 그에 따른 부작용도 겪고 있는 것이 우리의 현실이다. 항상 나오는 이야기지만 급속한 성장에 따르는 사회적, 윤리적 부작용이 바로 그것이다. 그리고 건축 또한 이 문제에서 자유로울 수는 없을 것이다. "우리의 건축이 어디에 서 있는가? 그리고 어디로 나아가야 하는가?"에 대한 자문과 반성이 분명 필요하다. 그리고 이런 과정을 통해 흔들리지 않는 '건축적 기반'을 마련하는 것이 필요하다. 그리고 그러한 과정을 통해 자연스럽게 우리 건축의 '가치'와 '규범'이 만들어질 것이라고 믿어 의심치 않는다.

자연과 건축, 그리고 환경 문제는
단순한 기술적 문제가 아니다.
디자인의 문제는 더더욱 아니다.
신념과 윤리의 문제이며,
'가치'와 '규범' 그리고 '실천'과
그 궤를 같이하고 있다.

이한석

해양건축과 해양도시에 관련하여 지속적인 연구 및 교육 활동을 하고 있으며 저서로는 『해양건축계획』 『수변공간계획』 『세계 해양도시의 친수공간』 등이 있으며 현재는 해양수산부 기술자문위원으로 활동하고 있다.

지구위기에 지속가능한 '바다 위 도시'를 향하여

바다도시

우리가 사는 지구는 수구水球이며 내 삶의 터전인 부산은 바다도시이다. 물이라는 우주의 근본 요소로 이루어진 바다는 지구의 모든 생명체가 삶을 영위하고 자연이 건강한 순환을 이루는데 필수적인 요인이다. 이런 바다에 들어선 바다도시에는 바닷가 연안 도시, 바다 위 해상 도시, 바닷속 수중도시 혹은 해저도시가 있으며 이들 도시에는 물을 통한 자연의 순환을 상징하는 문화가 짙게 배어있다. 그러나 현재 부산에서는 친숙하고 소중한 자연으로서 바다를 인식하기 힘들고 바다와 관련된 문화를 체험하는 것도 어렵다.

이것은 바다를 육지의 대용품으로서 실용적인 측면에서 이용하는 것에 집중해 왔기 때문이라고 볼 수 있다. 바다는 바다도시를 존재하게 하는 근원으로서 자연자원이며 동시에 장애물이자 재난의 원인이기도 하다. 그러므로 바다도시는 자연으로서 바다에 잘 적응해야 하고 더 나아가 새로운 도시환경을 위해 바다를 적극적으로 이용해야 한다.

이를 위해 바다도시는 친수문화를 확산시키며 바다환경을 개선하고 도시계획의 패러다임을 획기적으로 바꾸어야 한다. 구체적으로 바다의 수질 및 해양생태계의 복원, 친수공간의 창출, 바다 공간의 효과적 활용, 해양문화의 육성 등 여러 측면에서 세심한 대책이 필요하다. 특히 바다의 자연적 특성을 반영하여 바다 공간을 도시재생의 원동력으로 삼고 바다의 환경개선을 통해 삶의 질을 높이며 수준 높은 친수문화를 시민의 일상생활에 끌어들여야 한다.

지구 위기의 시기에 새로운 바다도시를 만들기 위해서는 다음과 같은 노력들이 필요하다.

먼저, 바다 공간을 친환경적이고 효율적으로 활용해야 한다. 유용한 자원으로서 바다 공간을 생활공간으로서 지속적으로 활용하는 것이 도시를 위한 중요한 과제이다. 최근에 기후변화에 따른 지구의 위기, 수자원 고갈, 에너지와 식량 부족, 해양 환경의 오염 등으로 인해 바다 공간과 도시의 관계가 더욱 복잡해지고 있다. 이제 바다를 단지 이용하고 관리하는 측면에서 접근할 것만이 아니라 생활공간으로서 보호하는 데 노력을 기울여야 한다.

다음으로, 바다에 대한 의식 전환이 필요하며 바다 공간의 가치에 새로운 인식이 필요하다. 즉 도시 전체를 바다 중심으로 바라보아야 하고 바다 공간을 육지 중심의 시각으로 바라보아서 매립이나 대형 구조물의 설치와 같이 무자비한 개발을 답습하지 말아야 한다. 이것은 직접적으로 도시를 태풍, 해일, 해수면 상승 등 자연재난에 취약하게 만들 것이다. 이제는 육지를 넘어 바다 공간을 생명이 풍성하고 활력이 넘치는 생활공간으로 바꾸어 나가야 한다.

무엇보다 도시에 대한 명확한 비전이 필요하다. 살기 좋은 도시를 만들기 위해 시민 모두가 공유하는 명확한 바다도시의 비전을 세우고 그 비전에 따라 도시를 만들어가야 할 것이다. 특히 도시에 인접한 바다 공간을 어떻게 활용하고 어떤 모습으로 만들어서 도시의 삶의 질 향상에 기여할 것인지에 대한 계획이 필요하다. 문화적 가치를 지니면서 지속가능한 바다 공간의 창의적 활용방안을 만들어야 한다.

바다 위 도시

'바다 위 도시'는 앞서 이야기한 바다도시 가운데 바다 위에 지어진 해상 도시이다. 사람들은 옛날부터 바다 넘어 어디엔가 신세계가 있다고 믿어 왔다. 과학기술이 발달하고 경제적으로 가능해졌을 때 사람들은 실제로 바다 위에 이상적인 도시를 만들고자 시도했다. 바다 위에 새로운 도시를 만들려는 구상에는 기존 도시에서 겪고 있는 문제를 해결하며 동시에 예전부터 꿈꿔온 살기 좋은 이상향을 만들려는 의도가 있다.

'바다 위 도시'는 바다가 가진 특성을 이용하여 바다와 일체로 조성된 주거지를 의미한다. 육지 도시나 연안 도시가 딱딱한 육지와 관계를 맺고 있다면 '바다의 도시'는 부드러운 형질의 물에 둘러싸여 있으며 이에 따라 육지 도시나 연안 도시와 다른 독특한 성격을 가진다.

'바다 위 도시'는 바다가 가지는 독특한 특성과 잠재력을 개발하여 창출해낸 새로운 주거지이다. 이 도시는 바다의 공간적 특성, 물리적 특성, 생태적 특성, 그리고 해양경관의 심리적이고 정서적 특성을 충분히 활용하여 새로운 주거공간을 만들어낸다.

바다의 공간적 특성은 수상, 수면, 수중의 각 공간으로 나누어 볼 수 있으며, 물리적 특성에는 바람, 파도, 조수, 해류 등이 있다. 또한 생태적 특성으로는 해양생물의 서식과 정화작용 등이 있으며, 해양경관의 특성으로는 바다가 인간에게 주는 즐거움과 쾌적함이 있다.

'바다 위 도시'는 이러한 바다의 특성을 도시의 구성, 용도 및 기능, 건물 형태 측면에서 활용하여 거주, 여가, 비즈니스, 상업, 문화, 생산과 관련된 다양한 도시공간을 만들어

낼 수 있다. 이 공간들은 바다의 조건과 변화에 융통성 있게 대비해야 한다.

이와 같이 바다 위에 도시를 짓는 것은 다양한 측면에서 인간의 삶에 특별한 영향을 끼친다. 심리적 관점에서 '바다의 도시'는 지금까지 한 번도 침범당하지 않은 무한의 세계에 뿌리를 내리는 것이며 미지의 세계인 바다에 둘러싸여 신비로움을 가진다.

생활의 관점에서 바다의 음, 빛, 온습도 등 환경조건이 육상의 환경조건과 다르기 때문에 '바다의 도시'는 공간에 대한 시각과 인간관계에 대한 새로운 감수성을 제공하며 바다의 조망과 파도 소리는 삶의 스트레스를 해소시켜준다. 또한 바다는 끊임없이 움직이며 무한히 깊고 넓기 때문에 '바다 위 도시'에서 생활은 바다와 역동적인 관계를 갖는다.

비용의 관점에서는 바다에 도시를 짓기 때문에 발생하는 공사비 증가는 값이 비교적 싼 바다의 점용 비용으로서 절감할 수 있으며 '바다 위 도시'가 갖게 되는 매력으로 인해 많은 부가가치를 창출할 수 있다.

'바다 위 도시'와 바다의 직접적인 관계는 도시공간을 지지하는 구조형식에 의해 결정되며 간접적으로는 도시의 기능, 목적, 크기, 디자인 측면에서 바다를 어떻게 활용하는가에 의해 결정된다. 무엇보다 중요한 것은 바다의 존재 형태인 수면의 광활함과 물의 깊음 그리고 바다의 물리적 성질

동요, 부력, 수압 등을 어떻게 활용하여 바다와 바람직한 관계를 이끌어내는가 하는 것이다. 또한 '바다의 도시'는 바다가 도시공간을 에워싸거나 끌어안음으로써 도시공간의 매력을 창출한다.

이상에서 살펴본 바와 같이 '바다 위 도시'는 바다와 창조적인 관계를 형성한다. 무엇보다 '바다의 도시'는 지구환경에 미치는 부정적 영향을 줄이는 친환경적이고 지속가능한 도시가 가능하다.

'바다 위 도시'는 바다에서 얻을 수 있는 태양열, 풍력, 조력, 파력, 해수온도차 등 대체에너지를 사용하여 화석연료의 사용을 줄이고 이산화탄소의 배출을 저감한다. 더욱이 육지에 주거 단지나 도시를 개발하기 위해 숲이나 자연녹지를 파괴하는 것을 막아준다.

특히 바다에 떠 있는 도시는 유닛 부재 **치수, 구조, 디자인이 일정한 기본형 부재**를 이용하여 전체 도시를 제작하기 때문에 도시를 구성하는 유닛 부재를 교체하여 도시의 수명을 늘릴 수 있고 완성된 도시공간을 다른 장소로 이동할 수 있기 때문에 재활용도가 높아 폐기물을 줄일 수 있어서 친환경적인 건축물이다.

부유식 해상도시

'바다 위 도시' 가운데 불에 뜨는 부유식 해상 도시의 구상은 2차 세계대전 후 1950년대부터 본격적으로 시작되었으며 특히 일본인 건축가 기쿠다케 菊竹清訓, 쿠로가와 黑川紀章, 단케 丹下健三 등이 주도적으로 계획안을 발표하였다. 대표적으로 기쿠다케는 1958년에 사가미 만 相模灣 에 세계 최초 '바다 위 도시'계획안을 발표하였는데 직경 4㎞ 부유식 인공대지를 이용한 도시였다. 이후에 기쿠다케는 1960년 동경만에 50만 명 인구가 거주할 수 있는 이동식 해상 도시를 발표하였다. 이러한 '바다 위 도시'들은 육지 공간의 연장으로서 바다 공간을 활용하려는 목적이 있었다.

필킹톤 해상도시계획안(1965)
출처: 伊澤 岬, 海洋空間のデザイン, 彰國社, 1990

1960년대에는 영국의 필킹톤 유리 회사, 미국 건축가 벅민스터 풀러 Richard Buckminster Fuller 등이 해상도시 계획안을 발표하였으며 여기에는 그동안 발전된 기술이 반영되었다. 필킹톤 사의 1965년 계획안은 영국의 동해안 노포크에서 20㎞ 떨어진 수심 9m 바다에 위치하며 해상유전에서 나오는 가스를 에너지원으로 사용하는 도시로 계획되었다. 높이 16층 규모의 타원형 외곽 구조물은 해저에 파일을 박은 고정식 구조로 되어 있으며 그 내해에는 작은 부유식 인공섬들이 배치되어 3만 명을 수용하는 '바다 위 도시'이다.

한편 벅민스터 풀러의 1968년 트라이튼시티계획안은 인구 5,000명을 하나의 유닛으로 계획하여 6개 유닛 **총 3만 명 규모**부터 최대 25유닛 **총 12만 5천 명 규모**까지 결합한 부유식 해상도시를 제안하고 있다. 하나의 유닛은 밑변이 약 190m인 정삼각형 평면으로 20층 높이이며 삼각추 모양을 하고 있어 공간 효율성, 구조적 안정성, 유닛시스템의 합리

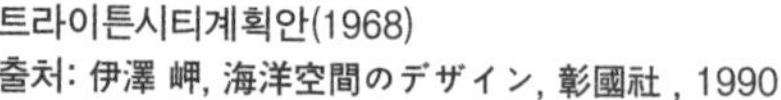
트라이튼시티계획안(1968)
출처: 伊澤 岬, 海洋空間のデザイン, 彰國社 , 1990

성을 가지고 있다.

1970년대는 해상 개념을 실현하는 단계로서 기쿠다케가 설계한 1975년 오키나와 국제해양박람회의 아쿠아폴리스Aquapolis를 시작으로 바다 위에 거주공간이 실현되었으며 이와 더불어 해상플랜트에 부속된 숙박시설로서 부유식 해상호텔이 출현하였다. 아쿠아폴리스는 최대 수용인원 2,500명으로 높이 32m, 한 변 길이 100m 규모의 반잠수식 해상도시이다.

이후 일본에서는 길이 1km 이상 되는 초대형 부유식 구조물을 이용하여 해상공항을 건설하려는 목적으로 국토교통성 주관으로 1995년부터 6년간 2단계로 나누어 메가플로트 프로젝트를 실시하여 실증 실험까지 성공적으로 수행하였다.

일본 메가플로트프로젝트 실증실험(해상공항)
출처: www.jnuri.net

로테르담 부유식 농장 계획안
출처: www.dezeen.com

최근 세계적으로 기후변화와 자연재난에 대비하여 부유식 해상도시가 다양하게 시도되고 있다. 대표적인 예로서 벨기에 건축가 뱅상 까르보 Vincent Callebout 는 지구온난화에 의한 해수면 상승에 대비하여 자급자족이 가능한 플로팅 에코폴리스 릴리패드 Lilypad 를 제안하였다. 또한 네덜란드에서는 해수면 상승으로 농경지 감소를 예상하여 부유식 농장 farm 을 설치하여 친환경적인 스마트농업의 가능성을 보여주고 있다.

또한 지속가능한 미래 도시로서 부유식 해상도시가 떠오르고 있다. 유엔 해비타트는 2019년에 향후 해수면 상승으로 섬이 사라질 위기에 있는 폴리네시아의 기후난민을 위해 지속가능한 해상도시를 계획하였고 최근에는 시제품 개

플로팅에코폴리스 릴리패드(Lylipad) 계획안
출처: http://vincent.callebaut.org

발을 위한 파트너 도시로서 부산을 주목하고 있다. 이는 유엔이 추진하고 있는 '지속가능개발 아젠다 17'의 11번째 항목인 '지속가능한 도시와 공동체'를 위한 실현 가능한 대안으로서 '바다 위 도시'를 선정한 것이다.

유엔이 모델로 하고 있는 해상도시는 덴마크 건축그룹 비아이지 Bjarke Ingels Group 가 추진하고 있는 오셔닉스 시티 Oceanix City 계획안이다. 오셔닉스 시티는 인구 300명 정도를 수용하는 5,500평 크기의 육각형 부유식 인공섬 6개를 결합하여 하나의 마을공동체를 만들고, 이 마을공동체 6개를 결합하여 최대 1만 명이 거주하는 도시를 만드는 구상안이다. 이 도시 외곽에는 도시를 지탱해 주는 태양광 발전이나 식량 재배 등을 위한 부유식 플랫폼이 설치된다.

우리나라의 경우에는 2011년 한강 반포대교 인근에 3개의 부유식 인공섬으로 구성된 총면적 20,382㎡ 크기의 한강 세빛둥둥섬이 완공되어 부유식 해상도시로 가는 길을 열어 놓았다. 또한 한국해양연구원 해양시스템 안전연구소가 주관하여 1999년부터 2007년까지 8년 6개월 동안 "초대형 부유식 해상구조물 기술 개발"연구를 실시하여 해상도시를 위한 부유식 구조물 설계기술을 개발하였다.

부산의 경우에는 2017년 부산과학기술평가원 BISTEP 이 주관하여 '바다 위 과학도시'인 '해양 플로팅 마린토피아'의 기획연구를 실시하고 그 결과를 발표하였다. 이 해상도시 기획안은 영도 해양클러스터 앞 수역에 크기 60×160m의 부유식 구조물 기본 모듈을 6개 결합하여 사이언스 파크를

1단계 해양사이언스파크 계획안
출처: 송화철 외, 해양 플로팅 마린토피아 조성사업 연구개발과제 기획보고서, 2017

기덕도 해상공항 조감도
출처: https://news.joins.com

중심으로 거주시설과 문화시설, 공원 등으로 구성된 해양스마트시티의 건설을 목표로 하고 있다.

한편 최근 건설이 확정된 가덕도 해상 신공항은 부유식 구조물을 이용하여 친환경적인 해상물류도시로 만들 수 있다. 가덕도 해상 신공항의 건설은 UN 지속가능개발목표 SDGs 17개를 달성하도록 해야 하며 특히 13번 기후변화 대응, 14번 해양생태계 보전, 15번 육상생태계 보전을 달성하기 위해 부유식 구조물을 이용한 해상공항을 적극적으로 고려해야 한다. 이 경우 바다의 청정에너지를 적극적으로 활용하여 탄소제로 도시가 되며 사람과 바다가 어울려 모든 생명활동이 활성화되고 자연환경에의 부담을 최소화하는 지속가능한 '바다 위 도시'가 될 수 있다.

김종기

독일 홈볼트대학교에서 철학(미학/사회철학) 박사학위를 받았다. 상지인문학아카데미에서 '서양미술과 미학의 창'이라는 제목으로 5년 동안 강의했다. 현재 민주공원 관장을 맡고 있다.

그림 속의 자연 이야기

기후위기, 그리고 미술

‘지구온난화’라는 용어가 ‘기후변화’라는 용어에 자리를 내어준 지 얼마 되지 않은 것 같은데, ‘기후위기’라는 말이 ‘기후변화’보다 더 통용되는 시대가 되었다. 유엔 재난위험경감사무국 UN Office for Disaster Risk Reduction/UNDRR 이 2020년 10월 13일 발표한 〈세계재해보고서〉를 보면 2000년부터 2019년까지 최근 20년간 세계에서 발생한 재해가 7,348건으로 그 이전의 20년보다 1.7배 늘었다. 그 주된 원인은 기후변화에 있다. 동 보고서는 기후변화의 영향을 받지 않는 재해는 지진밖에 없으며, 폭염, 혹한, 가뭄, 홍수, 태풍, 산불 등 극한 기상 현상들이 그 빈도와 강도가 증가하고 있다고 지적하고 있다. 사막 지역 아랍에미리트 두바이의 폭우 및 이집트 알렉산드리아와 카이로의 눈, 북유럽 핀란드의 이상 난동暖冬, 그리고 최근 미국뿐 아니라 오스트레일리아에서 대규모 산불이 이어졌고, 자연재해가 거의 없던 독일이 라인강 유역의 대홍수를 겪는 등 지구촌 전체가 위협을 받고 있다. 이러한 극한 기상 현상은 물, 토양, 대기의 오염, 생물종의 감소 및 대규모 멸종, 기아와 빈곤 등 기존의 생태학적 위기와 함께 인류의 미래를 암울한 잿빛으로 물들이고 있다.

기후위기로까지 치닫는 자연재해는 화석연료가 주된 원인인 온실가스 감축에 실패한 데에서 야기된 것이다. 현재 지구 온도는 산업화 이전보다 1°c 가량 상승한 상태이며, 평균기온이 산업화 대비 2°c 상승한다면, 시베리아 영구동토층, 남극과 그린란드 빙하의 해빙이 더 빨라지고, 전 세계에서 10억~20억 명이 물 부족에 빠지며, 생물종 가운데 20~30%가 멸종하며, 수천만의 사람들이 기근에 빠지는 등 기후변화를 예측하고 통제하는 것이 불가능해질 것으로 예상된다.

더욱 심각한 것은 2015년 12월 12일의 '파리협정'에서 약속된 것을 모든 나라가 이행한다 하더라도 평균기온 상승을 2°c 내로 억제한다는 목표를 이루기 어렵다는 사실이다. 실제 모든 나라가 탄소 배출량 감소 약속을 지킨다 해도 2030년까지 전 세계 탄소 배출량은 2010년을 기준으로 겨우 1%만 감소할 뿐이다. 지구가 스스로 회복할 수 없는 한계 지점을 넘지 않으려면 이번 10년 안에 전 세계의 탄소 배출량을 50%까지 줄여야 한다. 또한 대기 중 이산화탄소 농도를 안전한 수준으로 유지하려면, 부유한 나라들에서 국민

1인당 화석연료 사용량을 최소한 80% 이상 줄여야 한다. 이에 도달하기 위해서는 전 세계 에너지 사용량을 감당할 수 있을 만큼 풍력발전과 태양광발전을 보급해야 한다. 건물에 단열재를 설치하고, 승용차를 버스와 기차로 대체하고, 무엇보다 산업을 규제해야 한다. 그러나 『기후위기와 자본주의』에서 조너선 닐 Jonathan Neale 이 밝힌 것처럼, 세계의 정치 지도자들이 진정한 기후변화 해결책을 거부하는 근본적인 이유는 그것이 기업의 이윤을 해치고 전 세계 모든 주류 정당의 신자유주의적 경제정책에 어긋나기 때문이다. 단적으로 말해, 기업들과 권력자들은 기후변화를 저지할 능력도 의지도 없다. 이들에게 '지속가능한 발전'이란 이윤의 극대화를 추구하는 기존의 자본주의적 발전의 길을 유지하면서 그 속에서 지구촌 전체를 이윤 창출 공간으로 삼는 신자유주의 세계화의 틀 속에서만 가능한 것이다. 이 때문에 자본주의 체계 속에서 자원의 고갈을 피하면서 지속가능한 발전을 꾀하는 '표피생태론 Shallow Ecology '은 생태위기, 기후위기의 대안일 수 없다.

이러한 측면에서 보면, 지구환경문제, 생태학적 문제의 해결은 서구의 근대과학과 인간중심주의에 바탕을 둔 현재의 소비 자본주의 사회 시스템과 문명 자체를 바꾸는 새로운 세계관의 형성을 통해서 가능하다고 보는 심층생태론 Deep Ecology 의 관점이 이론 및 실천적 영역의 여러 지점에서 지침을 줄 수 있는 하나의 이론 체계일 수 있을 것이다. 그러나 이 또한 사람들이 소비자본주의의 욕망에서 벗어나 욕망을 줄여야 한다는 논리로 이어져 그 선한 의도와 달리 평범한 일반 사람, 무엇보다 노동계급과 빈곤계층의 희생을 정당화시키는 논리로 귀결될 수 있다. 이 때문에 시스템의 변화, 체제의 변화가 선행되어야 하는 것이다. 이 지점에서 또한 심층생태론을 비판하는 북친 Murray Bookchin 의 사회생태론 Social Ecology 이 주목할 가치가 있다. 무엇보다 지구를 위협하는 기후변화 및 기후위기에서 가장 큰 피해를 입는 곳은 가난한 나라이며, 피해 집단은 선진국이나 개도국 또는 후진국을 막론하고 노동계급과 빈곤층이다. 이에 닐은 기후변화로 가장 큰 피해를 입고 있는, 그리고 입게 될 전 세계의 평범한 시민들, 특히 노동계급이 연대하여 기업과 권력자들에게 도전해야 한다고 역설한다. 그는 단순히 개인적 실천만을 강조하는 것은 기업의 책임을 개인에게 떠넘기는 것이며, 기후 문제의 해결은 환경운동과 사회정의 운동을 결합시키는 '기후정의 운동'과 개인적 실천을 넘어선 급진적 체제 변화를 통해서만 가능할 것이라고 역설한 바 있다.

그가 말하는 급진적 체제 변화가 무엇을 의미하며 어떻게 가능한지, 또한 그것이 자연을 인간의 정복과 지배 및 가공 대상으로 보는 근대 합리주의적 사고와 단절하고 소비

자본주의적 사회시스템의 혁명적 변혁, 또는 욕망을 줄이는 인간 심성의 근본적 변화를 주장하는 여러 생태론과 어떤 부분에서 교집합을 가지며, 실천 영역에서 어떤 방식의 연대가 가능한지는 따져보아야 할 문제가 적지 않다. 그럼에도 이러한 기후위기 시대에 대응하는 예술적 실천은 어떠한 것이어야 하며, 동시대의 예술가들은 어떤 작품 활동을 통해 이러한 위기에 맞서야 할 것인가?

환경에 대한 전지구적 관심이 촉발된 것은 1962년 레이첼 카슨 Rachel Carson, 1907-1964 이 『침묵의 봄 Silent Spring』을 통해 살충제의 무분별한 사용으로 파괴되는 야생 생물계의 모습을 적나라하게 공개한 것이 그 시초라는 견해가 일반적이다. 이후 1972년 로마클럽은 「성장의 한계 The Limits to Growth」라는 보고서를 발간하여 지구환경의 지속가능성에 대해 우려를 표명하였다. 같은 해 스톡홀름의 〈유엔인간환경회의〉를 거쳐 1987년 유엔의 〈환경과 개발에 관한 세계위원회〉는 「우리 공동의 미래 Our Common Future」라는 보고서에서 '지속가능한 발전'이라는 개념을 만들어내면서, 환경보전과 개발을 양립시키려는 전략을 낸다. 이 개념과 전략은 1992년 리우의 〈유엔환경개발회의〉를 거쳐 전 세계적으로 확산되었고, 여러 국제협약이 채택되었다.

그리고 2005년 기후온난화 방지를 위한 국제협약인 「교토의정서 Kyoto Protocol」가 비준되지만, 미국은 비준도 되기 전인 2001년, 조지 부시 대통령 때에 교토의정서를 탈퇴하였다. 부시는 이산화탄소를 많이 배출하는 석유 메이저, 정유 업체들로부터 세금을 받지 못하게 될 상황을 두려워했을 것이다. 그러나 2015년 파리기후변화협약에는 세계에서 이산화탄소 배출 순위 1위, 2위인 중국과 미국을 포함하여 195개국이 서명하였다. 이번에도 미국은 도널드 트럼프 대통령이 2017년 6월 1일 파리협약 탈퇴를 선언했고, 작년 2020년 11월 4일 탈퇴가 공식화되었다. 그런데 올해 1월 21일 조 바이든이 대통령으로 당선된 후, 미국은 파리협약에 재가입하였다. 이렇듯 기후위기에 대응하는 각국의 모습은 결국 자국의 집권당 또는 집권자의 정치 경제적 기반에 달려있다. 그렇지만 바이든이 미국 파리협약에 재가입을 했다고 해서 기후위기에 대응하는 신자유주의 세계화 체제 속의 자본가 집단과 그에 기반한 정치 권력자의 태도와 인식이 근본적으로 바뀐 것일까? 바이든이 트럼프의 여러 정책을 비판하고 파리협약으로 되돌아온 것은 트럼트의 여러 정책이 미국의 이익에 '최대 피해'를 입혔기 때문이라는 인식에 바탕을 둔다.

바이든을 앞세워 국제 질서의 리더로 다시 나서고자 하

는 미국의 노력은 2007년부터 미국이 추진해 온 인도·태평양 기구, 쿼드 Quad를 강화하는 것으로 드러난다. 일본, 인도, 오스트레일리아와 함께 미국은 신자유주의 세계화에서 미국 중심의 일극 체제를 위협하는 중국을 고립시키고 미국 중심의 세계화 체제를 안정시키기 위한 쿼드에 강한 드라이브를 걸고 있다. 이러한 점에서 바이든의 미국 또한 과거 냉전시기의 체제 경쟁에서 정당화되었던 군비 증강을 위해 현실적 위협이자 가상의 적 중국을 이용하고 있는 것이라면, 나아가 전 세계의 여러 곳에 군사적 긴장과 갈등을 유발하여 그 어떤 무역보다 손쉽게 이윤을 낳을 수 있는, 전술·전략 무기의 해외 판매를 노리는 군산복합체의 이해가 그 바탕에 있는 것이라면, 이러한 미국에게 기후위기 시대 국제협력의 리더 역할을 맡기거나 기대해도 되는 것일까?

이 때문에 우리의 눈은 국제적이고 세계적 규모의 큰 그림을 볼 수 있어야 한다. 현재의 생태적 위기, 기후위기 시대가 전 세계적 규모에서 자신들의 이윤을 관철시키고자 하는 군산복합체의 이해관계가 여전히 지배하고 있는 시대라는 사실은 변함없다. 그렇다면 이 동시대에서 자연을 대면하고, 직면한 위기를 극복하기 위한 예술은 어떠한 것이어야 하며, 예술가의 실천은 어떠한 것이어야 할까? 현대미술의 중요한 작품 몇 개를 골라 이 문제에 다가가 보자.

미술사에서 '생태학적 재앙'이라는 문제의식에서 출발한 현대미술의 중요한 흐름은 대지미술 Land Art, Earthworks 과 생태미술 및 자연미술 등에서 살펴볼 수 있다. 대지미술은 1960년대 후반부터 1970년대에 로버트 스미스슨 Robert Smithson, 1938-1973 이 창안한 대지미술 작품 「나선형의 방파제 Sprial Jetty」 **그림** 1 에서 출발한다고 보아야 할 것이다. 스미스슨은 작품의 제작과정을 32분짜리 컬러필름으로 남겼고, 자신의 또 다른 대지 작품 「Amarillo Ramp」를 공중에서 살펴보기 위해 경비행기를 타다 사고로 숨졌다. 스미스슨은 「나선형의 방파제」를 제작할 당시, 트럭 수 천대를 동원하여 6,650 톤이라는 엄청난 양의 현무암, 석회석, 흙 등을 옮겨

그림 1.
Robert Smithson, 나선형의 방파제, 1970, 점토, 암염, 암석, 물,
457m (총길이) x 4m(나선넓이), 유타주 솔트레이크시티, 그레이트솔트 호 북동쪽 호숫가
https://commons.wikimedia.org/wiki/File:Spiral-jetty-from-rozel-point.png

이 작품을 완성했다. 그는 인공적으로 건설한 나선형 방파제에 유황, 소금 등의 침전물이 쌓이고, 미생물이 번식하고, 또 방파제가 침수되면서 자연이 점차적으로 변화해가는 것을 보여주고자 했다. 그는 어떤 인간도 자연의 힘을 이길 수 없다는 것을 가시적으로 제시하면서 신비로운 자연의 세계를 예술 행위로써 조명하고자 하였다. 이 작품은 완성 직후에 수면이 상승해, 한동안 작품이 물속에 잠겼다가 다시 떠오르면서 소금 결정이 맺힌 돌들이 드러났고, 이 과정은 자연 자체의 실체를 보여주고자 했던 작가의 의도를 잘 보여주었다.

이렇듯 대지미술은 사막, 산악, 해변, 설원 등의 드넓은 자연을 직접 이용해 땅을 파고 선을 새기는 등의 변화를 주는 과정을 사진으로 찍어 전시하기도 하며, 작품을 제작할 때 사용한 흙이나 잔디 등 작품의 일부를 화랑으로 운반하여 전시하기도 한다. 이러한 대지미술은 첫째, 작가의 행위로 이루어진 결과물보다 작품의 생성 과정 자체를 중요시하며 그 과정 자체를 예술작품으로 간주한다. 그리하여 일정 기간이 지나면 철거해버리거나 자연으로 되돌아가도록 방치하여 물질로서의 작품을 남기지 않는다. 둘째, 이 때문에 작품이 자연 속에서 자연과 함께 변화하는 그 과정을 기록함으로써 예술의 일시성, 더 나아가 존재의 무상無常함을 강조한다. 셋째, 거대한 규모로 인해 작가 개인이 홀로 제작할 수 없으며, 이 때문에 대부분 화랑, 생태학자, 토목공학자, 엔지니어와 이 모두를 총괄하는 작가에 의해 공동 프로젝트로 만들어진다. 넷째, 전시장이라는 좁은 공간을 벗어나 자연환경을 창조적으로 응용하면서, 미술의 주제와 재료를 확장한다. 다섯째, 자연 자체의 아름다움을 인식하게 만들면서 자연과 예술의 관계를 새롭게 성찰하게 만든다. 이렇듯 대지미술은 자연환경 또는 자연 자체를 재료로 삼아 작업한다. 대지미술에서 자연은 예술작업의 재료이자 작품이 형성되는 무대이다.

이처럼 대지미술은 자연 그 자체를 매체로 삼아 지구와 환경 문제에 대한 우리의 인식에 개입하고자 한다. 그리고 더 나아가 전시장에 머물러 있던 미술을 전시장 바깥으로 끌고 나가 그 작품이 존재하는 장소성을 드러낸다. 그리하여 대지미술은 자연적 배경을 작품의 구성요소로 끌어들이고, 바닷가, 호수, 들판이나 폐광 등 특정 장소와 유기적인 관계를 형성한다. 이러한 관점에서 대지미술은 '장소 특정적 미술 Site-specific art'이 되기도 한다. 그러나 스미스슨의 대지미술은 자연 요소를 통해 이루어지지만, 그의 작품은 대부분 막대한 자본과 기술, 그리고 작가의 기업가적 수완이 어울려 자연을 부분적으로 해체하고 재구성하는 방식으로 수행된다. 이 지점에서 대지미술은 오히려 생태계에 부작용을 끼친다는 비판의 목소리에 직면한다. 따라서 대지미술은 여전히 인간중심주의의 관점이 연장된 것에 불과하다고 지적할 수도 있다. 마이클 하이저 Michael Heizer, 1944년생 <Double Negative> 1969, Nevada 및 크리스토와 장 클로드 Christo and Jeanne-Claude, **크리스토** 1935-2020/**장 클로드** 1935-2009 <Reichtag wrapped>, 1995, **베를린 국회의사당 그림** 2 부부의 유명한 여러 작품도 이러한 관점에서 포착할 수 있다. 이처럼 대지미술은 현대미술의 중요한 흐름을 바꾸어 놓았다는 측면에서 그 혁명성을 인정할 수 있지만, 생태계에 끼친 영향의 관점에서는 비판의 여지가 존재한다.

그리고 1970년 후반에 등장하는 대지미술, 특히 앨런 손피스트 Alan Sonfist, 1946년생 의 대지미술 작품은 초기 대지미술이 보인 자연 개입적 성격에 대한 반성적 사유를 품고

그림 2.
Christo and Jeanne-Claude 〈Reichtag wrapped, 1995, 베를린 국회의사당〉
(사진. Reinhard Krause/Reuters)

있는 점에서 '생태미술'로 나아간다. 그는 공공미술로도 간주할 수 있는 일련의 작품을 만들었는데, 그 중 하나가 뉴욕의 라구아르디아 광장과 웨스트 휴스턴 가街 모퉁이에 기획된 「시간 풍경」Time Landscape, 1965-1978~현재 이었다. 그는 도심의 일부 공간을 이용하여 영국 식민지 시절 이전 아메리카 대륙의 오래된 숲에서 자생하던 야생화, 위치하젤 풍년화, 너도밤나무 등의 여러 식물을 옮겨 심었다. 이것들은 그가 어린 시절 스스로 보고 자랐던 것이다. 그는 도심의 문명 속에서 시간이 흘러가면서 식물들이 성장하며 변해가는 모습을 볼 수 있게 하고, 그것을 통해 도시와 자연의 변천사를 회상할 수 있도록 만들었다. 이렇듯 그의 여러 작품은 자연에 대한 대규모 개입과 재구성으로 나타난 대지미술의 여러 작품과 달리, 인간 행위를 통해 자연에 개입하는 것을 최소한으로 줄이고 시간의 흐름에 따라 변화해가는 자연을 관찰하고 그것이 인간 삶과 맺는 유기적 관계를 고찰하고자 한다. 또한 그는 변해가는 「시간 풍경」 속 식물들의 여러 모습을 사진으로 찍어, 그것을 연대기적으로 진열하여 여러 미술관에서 전시하기도 하였다. 이러한 과정을 통해 그는 자연을 대하는 인간의 태도와 자세를 되돌아보게 만든다.

한편 독일의 볼프강 라이프 Wolfgang Laib, 1950년생 는 꽃가루, 우유, 밀랍, 돌, 쌀 등 자연에서 취한 재료를 이용하여 설치작품을 만든다. 우리는 그의 작품을 생태미술 또는 자연미술로 분류할 수 있다. 예컨대 그의 「민들레 꽃가루」 1978 **그림 3** 는 그가 자신이 살고 있는 남독일 지역 집 주변의 숲과 초원에서 오랜 시간 동안 한 잎 한 잎 따서 말린 민들레 꽃잎을 곱게 갈아 유리 판 위에 뿌려 놓은 설치작품이다. 그의 작품은 자연 산물인 꽃잎가루를 인간이 만들어낸 문명의 산물인 사각형의 상자나 반듯한 유리판 위에 배열함으로써 자연 사물과 문화 산물의 융합을 드러낸다. 그리고 전시가 끝나면 꽃가루를 다시 회수하여 청소하고 유리병에 보관해 둔다. 그리하여 그의 작품은 순환하는 자연처럼 '설치 및

그림 3. Wolfgang Laib, Pollen from Dandelions, 1978, 유리 위에 민들레꽃 가루, 가변설치,The Museum of Contemporary Art, Los Angeles
www.moca.org/collection/work/pollen-from-dandelions

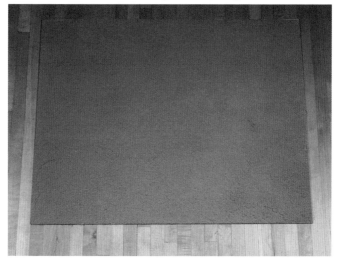

전시'와 '철수 및 보관'을 순환할 수 있다. 이렇듯 그가 취하는 작품의 재료와 형식은 자연의 순환과 연관되어 있다. 그는 무엇을 새로 만드는 것이 아니라 민들레꽃이 나오는 봄부터 여름까지 자연에서 나오는 꽃잎을 하나하나 따서 모은다. 그의 이와 같은 정성스런 노력은 자연 속에 깃든 비가시적, 영적 에너지를 몸과 마음으로 받아들이는 명상적 수행 과정이며, 그는 이를 통해 자연을 지배·통제 대상으로 보는 서구의 합리적·과학적 자연관을 반성하면서 자연과 인간을 통일체로 보는 동양적 자연관, 우주관을 통해 문명의 새로운 패러다임의 가능성을 고찰할 수 있게 만든다.

한편 우리는 무엇보다 요셉 보이스 Joseph Beuys, 1921-1986 의 '사회적 조각'이야말로 생태미술의 중요한 이념을 건드리고 있음을 지적할 수 있다. 1982년 <제7회 카셀 도쿠멘타>에서 그가 수행한 「7000 그루 떡갈나무 - 도시 관리 대신 도시녹지화」는 카셀 전체에 떡갈나무를 심고, 각 나무 한 그루 옆에 쐐기 모양으로 다듬어진 현무암 기둥 하나를 같이 세우는 프로젝트였다. 그는 나무가 지구의 허파라고 보았으며, 이 나무 심기를 통해 유럽에 큰 피해를 안긴 대기오염과 그 결과 야기된 산성비에 대한 자각을 일깨우고자 하였다. 이 작품은 카셀이라는 도시 전체가 자연과 함께 어우러지는 하나의 미적 유기체가 되도록 만든다. 현무암 돌덩이가 그대로 머물러 있는 데 반해 나무는 계속 성장하면서 변하는데, 보이스는 이 변화 과정을 통해 존재의 영속성과 무상함에 대해 사유할 수 있는 계기를 제공하면서 근본적이고 지속적으로 도시 생활공간의 시각적, 생태적 사회 구조 및 현대의 기술 문명에 대한 반성적 사유를 이끌어낸다.

가타리 Pierre-Félix Guattari 는 『세 가지 생태학』1989 에서 현재의 생태적 위기에 대응하기 위해서 근대적 합리성에 바탕을 둔 '과학적 패러다임'에 맞서 '윤리적-미적 ethico-aesthetic 패러다임'으로 전환이 필요하다고 말한다. 그것은 근대적 합리성의 한계를 뛰어넘어 그 지평을 확대시키는 것이어야 하며, 근대 합리주의 세계관의 근본적인 변화와 연결되어야 한다. 그 하나의 단초를 아도르노가 『미학이론』에서 제시하는 것처럼 개념적 사고를 보완하는 "미메시스적 행동양식"에서 찾을 수 있을 것이다. 이 미메시스적 행동양식은 주체가 객체를 대상화하여 그것을 인식하고 지배·통제하려는 행동양식이 아니라, 주체가 객체에 동화되고자 하는 행동양식이다. 그리고 이러한 행동양식에 기초한 합리성이 미메시스적 합리성이다 Theodor W. Adorno, Ästhetische Theorie .

또한 니체가 말하는 것처럼 개념적이며 논리적 사고를

보완하는 디오니소스적 지혜를 통해, 인간과 인간의 연합, 그리고 인간과 자연의 화해를 꾀할 수 있어야 할 것이다 Friedrich Nietzsche, Die Geburt der Tragödie . 니체가 말하는 "논리주의자가 추방된 지혜의 왕국"은 주체인 인간이 객체인 자연 또는 대상 을 논리적 사유에 의해서만 인식하지 않는 곳, 인간이 자신의 목적과 의도에 따라 자연을 마음대로 가공, 착취, 억압하지 않는 곳이며, 나아가 인간과 인간이 화해하고, 궁극적으로 인간과 자연이 화해하는 곳이다. 여기서 예술은 학문을 보완하며, 예술가는 논리주의자, 이성주의자, 과학자를 보완하는 자이다.

기후위기, 생태위기를 초래한 근본적 원인이 자연을 지배·가공의 대상으로 보고 과학과 이성을 맹신해 온 서구의 근대적 합리주의 세계관과 과학기술문명이라면, 우리에게 필요한 것은 이러한 세계관의 근본적 변혁과 문명의 새로운 전환일 것이다. 이 변혁을 위해 필요한 것은 인간과 자연을 분리시켜, 자연을 대상화시키는 과학적 이성을 넘어, 인간과 자연을 통일시키며 자연과 하나 되고자 하는 예술가적 감성이라 할 것이다. 이때 예술가는 사람들의 근본적인 감성을 자극해야 한다. 그리하여 각 개인이 자신의 기존 관습과 생활방식, 세계관의 근본적 변화를 이끌고, 그에 기초하여 개인의 실천을 끌어내는 동기를 제공할 수 있어야 한다. 그리하여 개인의 연대가 더 큰 집단적 연대가 될 수 있게 하고, 세계시민의 연대로 나아갈 수 있는 상상력을 제공해야 한다. 지금이야말로 더 큰 세계적 규모의 자발적인 시민의 연대가 필요하고, 개인의 연대는 더 나아가 노동조합이나 다양한 시민사회 조직을 포함하는 집단적 연대를 끌어낼 합리적 동기를 제공할 수 있어야 한다. 그 합리적 동기는 내면에서 우러나는 감성적 동기에 바탕을 두지 않으면 허약할 수밖에 없다. 이러한 실천에서 예술가는 내면으로부터 직관적으로 세계시민의 감성과 이성을 근본적으로 자극하는 선봉, 뱅가드 vanguard 가 되어야 한다.

이제 예술은 전 세계시민들의 집단적 연대를 자극할 수 있는 방향으로 나아가야 할 것이다. 예술은 소비자본주의의 욕망을 부추기는 자본의 논리를 공격할 수도 있을 것이다. 또는 소비자본주의의 개발 논리에 의해 자생 능력을 잃어버리고 복구될 수 없이 파괴되어 버린 자연을 묘사하면서, 비가 悲歌 를 부를 수도 있을 것이다. 또한 21세기 동시대에 군산복합체가 어떻게 세계시민들의 삶을 지배하면서 인간과 자연을 동시에 억압하고 파괴하고 있는가를 폭로할 수도 있을 것이다. 근본적으로 이러한 예술가들의 실천은 세계시민들에게 희망의 연대를 제시할 수 있어야 할 것이다. 나아가 전 지구적 규모에서 이윤의 극대화를 위해 세계를 지배하고자 하는 자본에 맞서 세계시민의 연대에 앞장서는 미학적 선봉이 되어야 할 것이다.

여기서 멕시코 출신 조각가 오르즈코 Ruben Orozco Loza, 1979년생 를 언급하면서 글을 마무리해보자. 오르즈코는 최근 스페인 빌바오의 네르비온 강에 「익사하는 소녀 Drowning girl, 2021」 **그림 4** 라는 극사실주의 조각을 설치하여 관객들에게 충격을 던져주었다. 120㎏의 유리섬유로 제작된 대형 얼굴 조각은 밀물 때는 가라앉고, 썰물 때는 떠오르기를 반복한다. 오로즈코는 이 소녀의 얼굴 조각이 기후변화와 지속가능성에 대한 대화를 시작할 수 있는 계기를 제공할 수 있기를 원한다. 그는 사람들의 행위가 어떻게 해서 우리 자신, 우리의 세계를 침몰하게 하거나 상승하게 할 수 있는지를 깨닫게 한다. 이 작품을 통해 오르즈코는 직관적으로 세계시민의 감성과 이성을 근본적으로 자극하는 선봉, 뱅가드 vanguard 를 자처하면서 스스로가 동시대 미술의 '아방가르드'임을 선언하고 있다.

그림 4.
Ruben Orozco Loza, 「익사하는 소녀」, 스페인 빌바오(Bilbao),
네르비온 강(Ria del Nervion), 2021,
www.facebook.com/RubenOrozcoLoza

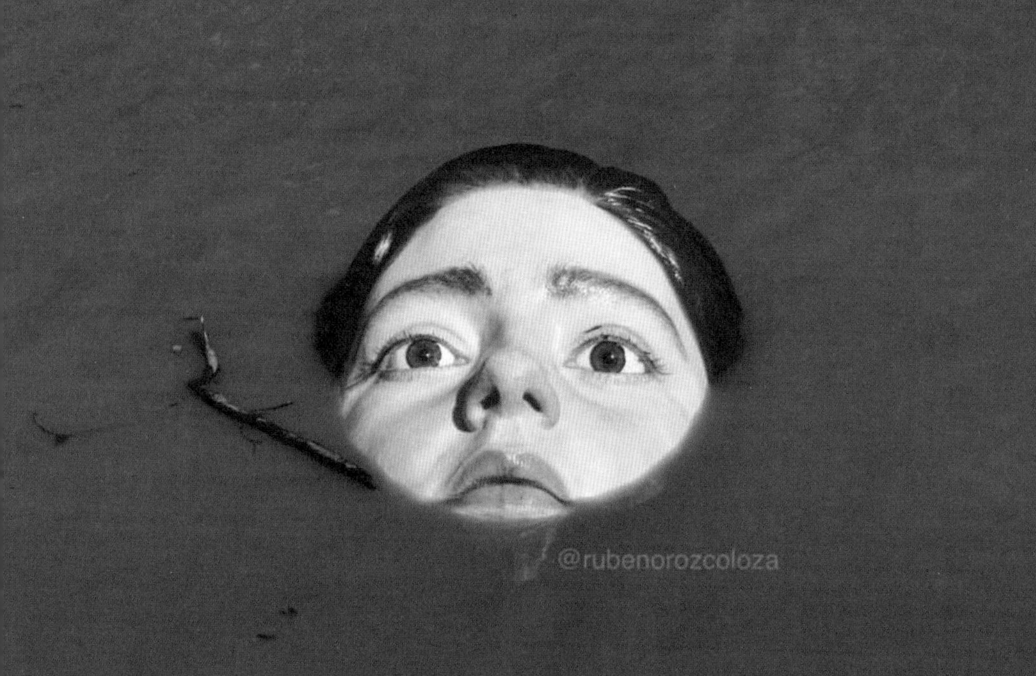

조재휘

영화평론가로 씨네 21필진이자 국제신문에 영화 칼럼을 연재 중이다. 영화 〈아가씨〉(2016) 메이킹 북 「아가씨 아카입」을 집필했고 전주국제영화제, 부천국제영화제 모더레이터, 부산국제영화제 대중화위원회(POP-COM) 진행위원, 영화진흥위원회 영화제 평가위원 등 영화와 관련한 여러 분야에서 활동 중이며 2020년 『시네마 리바이벌』을 펴냈다.

근대 인간과 자연의 역운逆運

〈그린 나이트〉(2021)에서 〈모노노케 히메〉(1997)로

녹기사의 목을 베다

데이비 로워리의 〈그린 나이트〉 2021 는 아서왕 전설의 일부인 '가웨인 경과 녹기사' 설화를 다룬다. 크리스마스 날, 불청객으로 나타난 녹기사는 누가 자신의 목을 벨 담력이 있는가를 두고 원탁의 기사들을 시험한다. 젊은 가웨인은 자신의 명성을 드높일 욕심에 나서서 검으로 녹기사의 목을 벤다. 목이 잘렸지만 죽지 않은 녹기사는 떨어져 나간 머리를 다시 집어 들고는 이듬해에 가웨인이 녹색 예배당을 찾아와 자신의 도끼에 목을 내밀 거라는 내기를 건다. 오래된 기사도 전설의 내용을 충실히 따라가는 영화에서 인상적인 건 이야기를 시각화하는 장면의 연출이다. 녹기사의 모습은 오래된 나무가 사람의 팔 다리를 갖추고 스스로 걸어

그린 나이트

나온 것 같고, 그의 걸음이 지나간 자리에는 잠깐 동안 작은 꽃과 풀이 피었다가 사그러든다.

이런 묘사는 은연중 미야자키 하야오의 애니메이션 <모노노케 히메> 1997 에서 사슴 신의 발걸음이 지나간 자리에 초목이 피었다 지며 삶과 죽음이 한순간에 명멸하는 장면을 상기시킨다. "사슴 신은 죽지 않으셔. 생명 그 자체이신 걸"이라던 아시타카의 대사처럼, 녹기사는 자연 그 자체를 인격화한 존재처럼 본다. 때문에 <그린 나이트>의 도입부는 묘한 환경주의적 은유를 띤다. 영화의 후반에는 가웨인이 영주의 저택에서 대화할 때 자연을 상징하는 녹색을 생명의 원천으로 긍정하는 동시에 독과 죽음으로 받아들이는 모순된 인식이 양가적으로 병치된다. 좀 더 과감한 해석을 가하자면 가웨인이 녹기사의 목을 치는 순간은 신비한 마법의 대상이자 경이로움이었던 자연 **녹기사** 을 인간의 인공적 도구, 기술 **검** 로 해체하고 대상화했다. 환경과 단절된 독립적 존재로 인간을 주체화한 근대정신의 탄생을 함축하는 장면으로 바라볼 여지가 있는 셈이다.

근대에 접어들면서 사람들은 인간이 마침내 자연에 대한 통제력을 쥐게 되었다는 믿음을 품게 되었다. 폭우로 인한 하천의 범람을 댐을 비롯한 수리시설로 다스리거나 폭약으로 지형을 깎아내는 것처럼, 인간이 이용하기 좋은 형태로 가공할 능력을 갖게 됨으로써 자연의 지배자로 우뚝 서게 되었다고 흔히들 이야기한다. 그러나 가웨인이 녹기사의 목을 자르면서 두려움을 감추지 못하듯, 자연에 물리적 폭력을 가하고 인간의 필요에 따르도록 다듬고 변형하는 행위의 이면에는 사실 스스로 성취한 문명에 대한 경이가 아니라, 역설적으로 인간의 욕망과 뜻대로 통제되지 않았던 자연에 대한 공포심이 숨어있는 것인지도 모른다. 녹기사를 벤 이후 펼쳐지는 가웨인의 여정이 자신만만한 무용담이 아니라 귀신과 거인으로 표상되는 자연의 불가해함을 마주하는 무력함의 연속이었던 것처럼, 과학과 계몽의 빛을 비추어 자연을 정복했다 믿었던 인간은 도리어 그로 인해 자연이 더욱 통제 불가능한 것임을 깨닫지 못하고 또 다른 신화의 세계로 퇴행해 버린 것인지도 모른다. 중세 판타지의 외양을 하고 있지만 〈그린 나이트〉는 근대를 지탱해왔던 자연관에 종언을 고하게 된 지금, 바로 우리 시대에 대한 우화처럼 읽힌다.

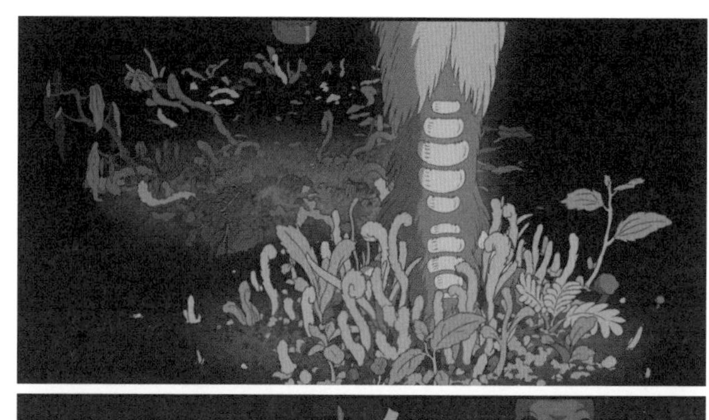

모노노케 히메

'자연'과 '인간'

동아시아 원시 유학의 전통에서는 하늘과 땅과 사람 天, 地, 人 을 두고 삼재 三才 라 일컬었다. 하늘이 만물을 비추고 때때로 비를 내려 다스리면, 땅은 이를 받아 생육한다. 사람은 그런 하늘과 땅 사이를 주재해 만물의 조화를 돕는 중간자로서의 역할을 한다는 것이 전근대 농경사회의 자연관이었다. 이는 인간이 갖는 특별한 위치를 상정하긴 하지만, 자연 내 존재로서 인간이 자신을 둘러싼 환경과 결코 떨어질 수 없는 유기적인 관계망 안에 있으며, 자연을 살아있고 유기체적인 존재로 인지하고 있음을 드러내는 것이었다. 서구에서도 그리스 신화의 가이아를 대지모 大地母 로 받아들인 이래, 친절하고 자비로우며 양육하는 어머니, 아니면 폭풍우와 천둥번개처럼 변덕스럽고 가혹한 마녀라는 상반되지만 여성적인 이미지로 자연을 표상하곤 했다. 다분히 인간주의적인 이해에 기반하고는 있지만 그럼에도 생동하는 존재이며 경외되고 존중받아야 할 대상으로서 자연의 지위를 높게 두었다는 건 동서고금 막론하고 전근대 사회의 공통된 인식이었다.

미국의 과학사가이자 에코 페미니스트이기도 한 캐롤라인 머천트는 『자연의 죽음』에서 전통적인 자연관이 무너져

내린 종언의 시기가 근대 과학의 도래와 함께 왔으며, 그러한 변화를 대표하는 상징적인 인물이 영국의 과학철학자 프란시스 베이컨 Francis Bacon: 1561~1626 이었음을 지적하고 있다. 그는 저서 『신기관』에 "자연은 '봉사하게 하고', '노예'로 만들고 '속박'하여 기계적 기술로 '조형'해야만 한다. '자연의 탐색자와 밀정들'은 그녀의 계획과 비밀들을 발견해야 한다." "자연은 그녀를 있는 그대로 내버려 둘 때보다 기술의 괴롭힘과 심문 하에서 더 명확하게 그녀 자신을 드러낸다"라고 쓴 베이컨의 언어와 그 안에 담긴 정복 지향적 자연관은 공교롭게도 마녀사냥이 한창이던 시기의 남성우월주의 내지 권위주의적 도덕관과 맥이 통해 있었다. 자연-여성에 대한 남성-인간의 우위라는 젠더에 대한 편견을 바탕에 깔고 자연을 개발과 착취의 대상으로 바라보았던 베이컨의 자연관은 근대 사회를 지배하는 이념적 토대가 되었다.

물론 자연을 의인화한 이미지로서 받아들이고 가족주의적 관념을 덧씌우는 건 인간의 오해이자 착각에 불과할 것이다. 그러나 자연을 대하는 인식의 변화는 곧 우리가 주변 환경과 맺고 있는 관계의 변화와 직결된다. 오늘날 환경운동에 있어서 많은 사람들이 무심코 쓰고 있는 '자연과 인간'이라는 표현은 아이러니하게도 '자연'과 '인간'을 따로 분리시키고 보는 이분법적인 사고방식을 투영하고 있다. '자연

보호'라는 구호 또한 인간이 자연을 '보호'하는 윗사람의 역할을 자임하며 자연을 하등한 것으로 본다는 점에서 근대 인간의 끝 간 데 모를 오만함을 반증할 따름이다. 다카하타 이사오의 영화 〈너구리 대전쟁 폼포코〉 1994 에서 산과 언덕을 깎아낸 자리에 재개발 아파트와 상가 단지를 세우는 걸 본 너구리들은 순진하게 "인간에게도 신과 부처 같은 힘이 있다는 걸 알았어요"라 감탄한다. 그러나 자연을 쥐어짜내고 원하는 걸 '토해내도록 닦달 her-aus-forden '해 대량생산과 소비의 사회를 지탱하는데 익숙해진 사람들은 교감의 창을 잃은 채 자연과 분리되어 버린 고독한 존재들이 되어버렸고, 곧 이어 찾아올 역운 逆運 을 목전에 두고서도 스스로가 자연의 지배자라 믿는 '똑똑한 바보'가 되어버렸다. 자연과 인간을 분리해 사유하고 지배자의 위치를 자임하는 한 '전환'은 오지 않는다.

선악을 넘어서

스티븐 소더버그의 영화 〈컨테이젼〉 2011 은 코로나 대유행을 맞으면서 머잖아 도래할 잠재적 현실을 예언한 영화로 재평가 받았다. 바이러스의 전 세계적 전파가 불러오는 파국을 세미다큐멘터리의 터치로 그려낸 영화의 말미

1분은 충격적이다. 다국적 기업의 난개발로 서식지인 숲이 파괴당하자, 갈 곳을 잃은 박쥐들은 돼지 축사로 날아갔고, 박쥐가 먹던 먹이가 떨어진 걸 돼지가 주워 먹으면서 전파된 바이러스는 인수공통전염병이 되어 세계 각지로 퍼져나간다. 사람들의 입장에서 바이러스는 급작스레 발생한 돌발상황이지만 재난의 전조는 인지하지 못하는 수면 아래서 착실히 진행되어오고 있었다. 모든 것은 인간 사회에서 벌어진 일들이 자연에 파급력을 미치면서 빚어진 인재人災였던 것이다. 코로나 변이에서 기후변화에 이르기까지 자연에서 벌어지고 있는 여러 재난과 이변들은 부지불식간이라도 우리 사회의 총체적인 구조와 사회정치적 요인들로부터 분리될 수 없음을 〈컨테이젼〉은 시사하고 있다.

그렇다면 자연을 파괴하는 인간은 근본적으로 악한 것인가? 지극히 선한 것과 아닌 것을 구분하고 재단할 수 있다면 편하겠지만 상황은 그리 간단하지 않다. 영화〈모노노케히메〉에서 미야자키 하야오는 이러한 윤리적 딜레마를 극의 중요한 문제의식으로 다루고 있다. 타타라 마을의 두인 에보시는 숲을 파괴하고 얻은 자원으로 제철소를 세우고 화약무기를 생산한다. 타타라 마을이 번창할수록 봉건 영주들의 권력과 자연의 위상은 갈수록 추락할 것이다. 이 영화에서 에보시는 〈카게무샤〉1980의 오다 노부나가織田信長 :

컨테이젼

1534~1582처럼 중세의 한가운데 출현한 근대성의 총아寵兒로 그려진다. 실제 역사에서도 화약 무기가 중세 기사의 시대를 끝장내버렸듯, 그녀의 공장에서 생산된 무기들은 사무라이 군대를 압도할 뿐 아니라 신으로 숭앙받았던 거대한 짐승들마저도 몰아내버린다. 아시타카가 고향 마을에서 만난 재앙신이 된 멧돼지 신은 타타라 마을에서 비롯된 일의 역운이었던 셈이다.

〈바람 계곡의 나우시카〉1984 시절에는 거대 곤충 오무와 거신병을 전쟁의 도구로 쓰려는 토르메키아가 분명한 악의 축으로 자리 잡고 있었다. 그러나 〈모노노케 히메〉로 오면 사정은 한층 더 복잡해진다. 분명 에보시는 자연의 입장에서는 짐승으로 하여금 원한을 품게 한 재난의 원흉이지만, 타타라 마을 구성원의 입장에서는 이야기가 달라진다. 타타라 마을의 여성 구성원은 제철소에서 견실히 일하는 근대적 노동자이면서, 무기를 들고 싸울 줄 아는 능동적인 전사이기도 하다. 봉건 질서와 가부장제의 억압에 시달리던 여성들, 치료받지 못하고 배척 당해온 나병 환자 등, 중세 사회의 바깥으로 내몰린 소수자들에게 있어 타타라 마을은 자유롭고 안전한 삶의 터전이 되어주고 에보시는 그 힘을 규합해 나라를 뒤집으려 한다. 숲의 동물로 표상되는 자연이든, 에보시와 타타라 마을 주민의 입장이든, 모두가 각자의 선을 갖고 있으므로 함부로 비난하기 어렵게 된다.

〈컨테이젼〉과 〈모노노케 히메〉는 각각 팬데믹 상황과 재앙 신의 출현을 통해 인간계에서 저지른 일이 어떻게 자연을 일그러뜨리고, 그 대가로 어떠한 역운을 불러오는가를 보여주지만, 거기서 그치지 않고 더욱 심대한 질문을 관객에게 던지고 있다. 코로나 그리고 기후변화와 같은 재난 상황은 분명 자연환경을 막 다루어온 근대문명의 오만이 자초한 역운임이 분명하다. 그러나 이런 위험은 아이러니하게도 사악한 의도가 아니라 더 나은 삶을 살고자 하는 욕망과 노력에서 비롯된 것이며, 따라서 선악의 간편한 잣대를 들이대는 건 무의미하다. 공장이 멈추는 순간 생계를 잃고 실업자가 될 사람들에게 당장의 먹고사는 일은 환경 보호나 방역보다 절박하게 다가올 것인데 그걸 쉬이 비난할 수는 없다. 공장식 축산을 중단하거나 발전소를 멈춘다면 그로 인해 생활에 필요한 영양과 에너지를 공급받지 못하는 서민들에게 불편을 감수하라고 부담을 떠넘기는 건 진정 도덕적인 일인가? 근대 산업문명과 자본주의는 이윤의 자가 증식을 추구하며 많은 폐해를 불러일으켰지만, 한편으론 비약적인 생산성의 증진을 통한 삶의 질의 평준화를 이룩해냈음을 간과해서는 안 된다.

헨리 데이비드 소로나 스콧 니어링은 자연으로의 회귀를 희구하며 '조화로운 삶'을 이야기했지만, 자연으로 돌아가는 삶은 더 이상 가능하지 않다. 소수에게만 열린 자연으로의 도피, 찰나에 그칠 피안彼岸과 복고復古의 환상은 도시에 의지해 살아가는 소시민의 현실과는 거리가 멀다. 지금 우리에게는 근대 이래 지속되어 왔던 자연과의 관계를 '내놓으라 닦달하는' 일방성에서 벗어나 '상호교환 가능한 렌즈 **펠릭스 가타리, 『분자혁명』** '를 찾는 우호적인 방식으로 전환하는 일이 필요하다. 그러나 이제까지 영위해온 기술 문명과 자본주의 시스템을 벗어나, 삶의 총체적 구조를 뒤바꾸는 일이 가능할지, 그것이 어떤 식으로 이뤄질 수 있는가에 대해서는 여전히 미지수로 남는다. 그렇기에 미야자키 하야오도 〈모노노케 히메〉의 마지막에서 다시 시작하자는 에보시의 입을 통해 희망의 여지는 남겼음에도, 정작 새로운 세상의 기획은 어떤 형태가 될지에 대해서는 섣불리 언급하기를 꺼렸던 것이리라.

'사이보그 선언문'으로 유명한 문화이론가 도나 해러웨이는 근래 우리 시대에 직면한 기후위기와 생태 파괴에 어떻게 대처할 것인가를 두고 망가진 지구 환경, 인간과 자연이 공존하기 위해서는 '관계'를 바꾸어야 하며, 이 관계를 바꾸기 위해서는 다른 종들과의 어울림 속에서 '트러블과 함께

함 staying with the trouble'으로써 지배할 '자식'이 아닌 '친척'을 만들어야 한다고 주장한 바 있다. 공생共生의 이상향을 향한 노정은 이제 막 시작되었을 뿐이다.

오늘날 환경운동에 있어서
많은 사람들이 무심코 쓰고 있는
'자연과 인간'이라는 표현은
아이러니하게도 '자연'과 '인간'을
따로 분리시키고 보는 이분법적인
사고방식을 투영하고 있다.
'자연보호'라는 구호 또한
인간이 자연을 '보호'하는
윗사람의 역할을 자임하며
자연을 하등한 것으로 본다는 점에서
근대 인간의 끝 간 데 모를
오만함을 반증할 따름이다.

심상교

부산교육대학교 국어교육과 교수. 고려대 국어국문과와 동대학원을 졸업했다. 동해안별신굿과 영남지역 민속가면극을 중심으로 전통연희의 연행성 등을 연구하고 있다. 요즘은 한국민속신앙 속의 신격에 대해 연구하고 있다.

민속신앙 속 흐름과 멈춤

인간은 많은 소원을 품고 살아간다. 그 소원은 인생이라는 흐름 속에 걸림돌이 되기도 하고 희열이 되기도 한다. 삶 속에서 인간은 멈춰 서서 소원을 빌기도 하고 소원의 성패지점을 통찰하기도 한다. 인생이 흐름이라면 소원은 멈춤의 순간이 될 것이다. 인간이 소원성취만을 향해 나아가는 것은 아니지만 부단히 걸음을 움직이며 소원성취를 위해 노력한다. 그러다 한계를 인식하고 어떤 대상에 의지하려는 경우도 있다. 그 어떤 대상을 민속신앙에서는 신격이라고 한다.

인간이 의지하는 신격에는 어떤 종류가 있을까. 그 신격들은 인간의 소원에 응답할까. 우리 조상뿐만 아니라 세계 많은 나라에서 이런 신격들이 인간의 소원에 응답한다고 생각해 왔다. 우리 민속신앙 속 신격은 다양하며, 삶의 안과태평 安過太平 을 도와준다고 많이들 생각한다. 이런 생각이 만연상태는 아닐지라도 몇몇 사람들 마음속에 웅크리고 있다.

신격이 인간을 도와준다는 것은 신격에게 소원을 빌면 소원이 이뤄진다는 의미를 포함하는데 산신, 성주신, 땅신 같은 신격들이 어떻게 인간의 소원을 들어주겠는가 라며 신격의 위상을 부정하는 사람이 대부분이지만, 신격에게 소원을 빌면 소원이 이뤄진다는 생각 또한 우리 주변을 맴도는 것도 분명하다.

명산으로 알려진 산의 계곡 여기저기에는 촛불을 켜놓고 소원을 비는 등의 신앙행위를 한 흔적이 가끔 발견된다. 영험하다고 알려진 곳에서도 이런 흔적이 발견된다. 영험하기로 으뜸가는 장소 중 하나가 사직단이 위치한 곳이다.

부산 동래구 사직동 대건성당 바로 옆에 사직단이 있다. 삼국시대부터 사직단은 신에게 제사를 지냈던 대표적인 곳이다. 사직단은 여러 관점에서 길지 내지는 영험한 곳에 세워진다. 반대로 사직단을 세우면 그곳이 길지가 되기도 한다. 부산의 사직단은 5년여 공사 끝에 원형으로 복원되었다. 복원된 사직단에는 신에게 제사 지내던 제단의 정성과 위엄이 살아났다. 복원 전 사직단 정문 앞에는 항상 녹아내린 양초와 제주祭酒를 뿌린 흔적이 있었다. 계곡이나 산마루, 사직단 같이 신격을 기리는 곳에는 이런 흔적이 자주 발견된다. 이런 곳에서 초를 켜놓고 신주를 따르며 비손행위를 하는 사람은 대체로 무업종사자들이다. 무업의 영험함을 유지하기 위해 이런 곳에서 의례를 올리는 것이다. 무업종사자에게 가장 중요한 것은 정확한 예언력이다. 그들은 정확한 예언력이 산과 땅의 신격으로부터 온다고 생각한다. 자연을 바라보는 민속신앙 속의 관점이 드러나는 것이다.

사직단

그래서 밤늦은 시각에 무업종사자들은 길지 및 영험한 곳에서 정확한 예언력을 유지하고자 간절히 기도드린다.

그렇다면 산이나 계곡에 어떤 신격이 있어 복을 준다고 생각하는 것일까. 산신, 지신, 서낭신과 천지신명 등의 자연계통의 신격이 있어 그로부터 복이 내린다고 믿는다. 이런 경우를 미신이라고 폄하하는 경우도 있지만, 거대한 자연 속의 작은 인간 존재를 인식하는 철학적 통찰이 민속신앙의 자연관 속에 들어 있는 것이다. 인생이라는 흐름 속에서 철학적 통찰이라는 멈춤이 민속신앙에서 일어나고 있는 것이다.

우리 민속신앙에는 인간신격이나 추상화된 신격도 많지만 산·계곡·하늘·태양·칠성 등 자연과 관련된 신격들이 더 많다. 세상 모든 물질에 정령이 깃들어 있다고 믿었던 것이

민속신앙이었기 때문이다. 모든 자연 사물을 중시하는 태도가 반영된 것이다. 무당을 지칭하는 말 중에 만신이라는 용어가 있다. 뛰어난 무당이라는 의미도 있지만 만 가지 신을 모신다는 의미를 갖고 있다. 자연 속 만 가지 물질이나 현상 모두를 존중하고 이를 기리는 존재가 만신이라는 의미다. 민속신앙의 자연관이 확인되는 대표적 용어가 만신인 것이다. 민속신앙 속 자연신격에는 어떤 것이 있을까.

일상생활과 가까운 민속신앙 속의 신격들은 천신, 지신, 산신, 성주신, 부엌신 **조왕신**, 화장실신 **측신**, 용왕신, 태양신, 서낭신, 칠성신, 조상신, 대감신, 당금애기, 바리데기 등이다. 한국무속에 많은 업적을 남긴 김태곤은 우리 민속에 대략 273종의 신격이 있다고 정리했다.

민속신앙 속 신격의 종류는 (1)굿할 때 직접 제祭를 받는 신격, (2)무신도에 나타난 신격, (3)신당에서 제를 받는 신격, (4)무속에서 신앙되는 신격 등으로 나눌 수 있고, 신격의 계통으로는 (1) 자연신격, (2) 인간신격, (3) 여성신격, (4) 기타신격, (5) 외래신격 등으로 분류한다. 신격들의 성격이 명확하게 밝혀지지 않은 경우가 있고, 밝혀졌어도 계통을 명쾌하게 분류하기 어려운 신도 있으며 신격의 성격상 서로 중복되는 측면도 있기 때문에 분류에 논란이 없지 않으나 대체로 이와 같이 분류할 수 있다. 그리고 여기서 제祭는 유교적 의례를 포함한 굿을 의미한다. 분류에 따른 구체적 신격의 예를 보면 분류의 내용이 더 선명하다.

(1) 직접 제를 받는 신격이란 재수굿, 마을굿, 병굿, 내림굿, 진적굿 등에서 굿을 받는 신격을 지칭하고, (2) 무신도에 나타난 신격이란 신당, 신방 벽에 봉안된 신격의 그림 속 신격을, (3) 신당에서 제를 받는 신격이란 서낭신, 천황신 등을, (4) 무속에서 신앙되는 신격이란 주로 집안의 신들로 성주신, 측신, 조왕신 등의 신격을 지칭한다. 이러한 신격들을 계통으로 재분류해보자.

(1) 자연신격에는 천상, 지신, 산신, 수신 등이 포함되고 (2) 인간신격에는 대왕, 장군, 대감, 무조신, 불교신 등이, (3) 여성신격에는 삼신 産神, 산신 山神, 작두대신, 바리공주 등이, (4) 기타신격에는 걸립신, 부정신 등이, (5) 외래신격에는 용신, 제석신, 세존신, 시왕, 칠성신, 호구별상신 등이 포함된다.

신격들의 성격이 한 가지로만 정의되지 않기 때문에 유형 분류에서 서로 중복되는 경우도 없지 않다. 인간신격와 여성신격 사이의 중복이 대표적이다. 여성도 인간이지만 신격분류상 여성과 인간을 서로 나눌 수밖에 없는 측면이 있다. 남성 위주의 사고가 지배적이었던 봉건제적 시대를 지나면서 남성신격이 확대되어 생긴 일일 것이다. 산신령으로 불리기도 하는 산신은 자연신격에도 해당되고 여성신격에도 해당된다. 서로 중복된다. 산신은 원래 여성이었는데 조선시대에 남성으로 변화되기 시작했고 현재에 이르렀다는 것이 통설이다. 나무꾼이 도끼를 물에 빠뜨렸을 때 “이 도끼가 네 도끼냐?”라며 물속에서 올라오는 산신령으로는 보통 남자를 상상할 것이다. 그러나 고려시대까지는 여성 산신령이 물속에서 올라왔던 것이다.

산신山神은 여성에서 남성으로 변화되었지만 생명 탄생을 관장하는 삼신할머니인 삼신産神은 변함없이 여성이 차지하고 있다. 삼신이 여자신이라는 점에 변함이 없는 것은 생명 탄생과 관련된 측면에서 자연과 여성의 속성을 서로 연결시킨 결과이기도 하지만 자연과 조화롭게 살아가려는 인간의 노력이 신격 형성에도 영향을 준 것으로 볼 수 있다. 지모신이라고 하여 땅과 관련되는 신격들은 대체로 여성과 가깝다. 씨를 심어 싹을 틔우고 길러내는 땅의 특성이 아이를 낳고 기르는 여성의 특성과 밀접하여 생산의 신과 자연의 신이 서로 같은 의미로 연결된 것이다.

이처럼 자연과 조화롭게 살아가려는 인간의 노력이 신격 형성에도 영향을 준 대표적 신격은 당금애기신격이다. 당금애기는 세존굿에서 불려지는 서사무가의 주인공이다. 당금애기 서사무가에는 인간의 자연관이 잘 드러나며 자연을 바라보는 인간의 철학적 통찰도 들어 있다. 세존굿은 전국적 분포를 보이는 굿으로 굿의 표면적 내용은 자손번창이다. 이 세존굿에 등장하는 당금애기가 삼신에 해당하며 세

* 작두장군

작두장군(작두신령)을 모시는 무당만이 작두를 탈 수 있다. 작두를 타면서 내리는 공수는 신령이 더 있는 것으로 전해진다. 쌀이 든 용궁단지 위에 작두를 놓고 맨발로 작두를 탄다.

* 산신

산신은 관복을 입은 모습으로 많이 묘사된다. 손에 새끼 호랑이를 안고 있다. 이는 천하를 다스리며 수명을 관장하는 것을 의미한다. 마을굿의 주신이 되기도 한다.

* 산신령

산신령은 보통 신선의 모습을 한 노인과 호랑이로 표현된다. 산신령의 사자인 호랑이는 이빨을 드러낸다. 산신령은 손에 산삼을 든다. 생명을 관장하며 마을굿의 주신이 되기도 한다.

존할매로 불리기도 한다. 당금애기 서사무가에서 당금애기라는 이름은 처녀 때의 호칭이고 결혼 후의 호칭이 세존할매인 것이다. 생명 탄생과 관련된 자연과 여성의 속성이 당금애기 신격에서 정점을 이룬 것이다. 당금애기 무가의 내용은 이렇다.

앉아 삼천 리 서서 삼천리를 보는 삼한시준이 금자동이 옥자돌이 불과 주고 자손번창 시켜 줄려고 명짐복짐 지고 이 땅으로 내려와 금강산에 절을 짓고 불공을 드리려는데 부족함이 있어 서천서역국의 당금애기집으로 시주를 받으려고 방문하였다. 그때 당금애기의 부모와 형제는 모두 외출하고 당금애기와 하인들만 집에 남아 있었다. 삼한시준은 당금애기에게 시주를 청하였다. 당금애기는 부모와 형제들이 집에 없어 곳간 문을 열 수 없으니 다음에 오라고 하였으나 삼한시준이 경문을 읽으니 걸린 곳간 문이 열렸다. 당금애기가 쌀을 시주하는데 삼한시준은 바랑에 구멍을 뚫어 쌀이 쏟아지게 한다.

삼한시준은 쌀을 젓가락으로 주워 담고, 주워 담는 동안 날이 저문다. 날이 저물자 삼한시준은 하룻밤 자고 가기를 청한다. 당금애기의 거절에도 삼한시준은 갖은 이유를 대며 하룻밤을 머문다. 시준은 다른 방에서는 냄새가 나서 잘 수 없다며 당금애기 방에서 자기를 청한다. 당금애기는 완강히 불가하다고 애기하지만 시준은 병풍을 치고 물 세

그릇을 경계로 하여 아무 일 없이 자겠다고 약속하여 당금애기로부터 같은 방에서 잘 수 있도록 허락받는다. 시준은 먼저 코를 골며 자는 척하여 경계심에 가득 찬 당금애기를 안심시킨다.

시준의 위장술에 넘어간 당금애기는 편안하게 잠을 잔다. 시준은 거미처럼 병풍을 넘어가 당금애기와 운명의 동침을 한다. 가슴이 답답하여 잠에서 깬 당금애기는 기겁하나 시준이 주역 책자를 꺼내오라 하여 시준과 당금애기가 백년가약 맺을 운명이라는 점을 설명한다. 다소 마음을 가라앉힌 당금애기는 잠을 자게 되는데 '한 쪽 어깨에 해가 돋고 다른 쪽 어깨에는 달이 솟고 또 하늘에 별 세 개가 떨어져서 치마 앞에 쌓이고 구슬 세 개가 떨어져서 입으로 들어가는 꿈'을 꾼다. 시준은 담금애기 꿈에 대한 해몽을 한다. 해는 시준, 달은 당금애기, 구슬 세 개는 세 아들 태몽, 하늘 별 세 개는 삼태성으로 생명의 신이 될 것을 암시하는 꿈이라는 것이다. 아침이 되어 삼한시준은 당금애기 집을 떠나며 박씨 세 개를 준다. 아이들이 태어나 아버지를 찾으면 이 박씨를 심고, 다음 날 박씨 가지가 뻗은 쪽으로 계속 오면 나를 만날 수 있을 것이라 말한 후 표표히 당금애기 집을 떠난다.

당금애기는 이후 배가 불러온다. 아홉 달 만에 집에 돌아온 부모 형제들은 처녀인 당금애기가 임신한 것을 알고 당금애기를 죽이려 하나 흙비, 돌비가 날아 심상치 않음을 느끼고 당금애기를 산에 있는 돌함 속에 유폐시킨다. 당금애기의 어머니는 걱정 끝에 당금애기를 찾아간다. 서기가 등천하고 무지개가 돌함 속으로 뿌리박고 하늘에 청학 백학이 돌함 위로 빙빙 돌았다. 놀란 어머니는 돌함을 열었다. 당금애기가 삼태자, 아들 세 명을 낳고 쓰러져 있었다. 당금애기의 어머니는 죽은 죄를 물리겠냐며 당금애기와 손자 세 명을 데리고 귀가한다.

잘 자라던 손자들은 어느 날부터 아버지 없는 자식이라는 놀림을 받는다. 삼태자는 아버지를 찾기 위해 어머니가 준 콩을 심는다. 다음 날 엄청나게 자란 콩의 줄기를 따라 당금애기와 삼태자는 길을 나선다. 콩의 줄기가 끝난 곳은 어느 절이었고 거기에서 아버지 삼한시준과 만난다. 아버지는 세 명의 자식에게 통과의례를 시켜 자식임을 확인한다. 통과의례는 생선회를 먹고 생선 토해내기, 삼 년 전에 죽은 소뼈로 소 만들기, 종이로 버선 만들어 신고 물위를 걷기, 짚으로 닭을 만들어 울리기 등이다. 이 과정을 통과한 후 아이 세 명과 삼한시준의 피방울을 한 곳에 떨어뜨리니 피가 서로 엉겨 한 방울이 되었다. 비로소 삼태자 세 명이 친자임을 확인하고 삼태자는 산신과 수신이 되고 당금애기는 생명 탄생을 관장하는 세존할매 즉, 삼신이 된다.

당금애기, 삼한시준, 당금애기의 부모·형제가 주요 등장

인물인 당금애기 서사무가에는 우리네 조상의 자연관이 잘 드러난다. 자연을 잘 이해하고 자연법칙을 잘 응용하며 살아가야 하는 삶의 지혜를 암시적으로 알려준다. 인간은 자연 속에 던져지듯 태어나고 땅에서 나는 곡식을 먹으며 그리고 물을 마시며 목숨을 이어간다. 자연 속에서의 인간의 일생이 당금애기 무가 속에 잘 들어 있는 것이다. 거대한 자연의 흐름 속에 멈춤으로서의 인간 존재가 드러나는 무가인 것이다. 인간과 자연의 관계를 존재론적 측면과 실존적 측면 모두에서 통찰한 철학적 관점이 당금애기 무가에 나타나는 것이다.

아크 ARCH-
공존을 위한 인문 무크지 3 **자연**

글쓴이 강동진 김종기 김 준 류영진 배재국
심상교 이성철 이성희 이한석 임회숙
장현정 장희창 정대현 정 훈 조봉권
조재휘 차윤석 하창수 황규관 황명호

초판 1쇄 2021년 12월 15일

발행인 허동윤
고 문 이성철
편집장 고영란
편집위원 박형준 장현정 정 훈 조봉권

도 움 서동하
디자인 전혜정

기 획 ㈜상지엔지니어링건축사사무소
주 소 부산광역시 중구 자갈치로42 신동아빌딩 5층

전 화 051-240-1527~9
팩 스 051-242-7687
이메일 sangji_arch@nate.com
출판유통 ㈜호밀밭 homilbooks.com

ISBN 979-11-6826-022-1 04060
ISBN 979-11-90971-13-3 04060(세트)

※ 가격은 겉표지에 표시되어 있습니다.